4인의 영적 거장

4인의 영적 거장

저자 레이먼드 브라운
역자 유재덕

초판 1쇄 발행 2023. 9. 6.

발행처 도서출판 브니엘
발행인 권혁선

책임편집 김지연
책임교정 조은경

등록번호 서울 제2006-50호
등록일자 2006. 9. 11.

서울특별시 송파구 백제고분로28길 25 B101호 (05590)
마케팅부 02)421-3436
편집부 02)421-3487
팩시밀리 02)421-3438

ISBN 979-11-93092-08-8 03230

독자의견 02)421-3487
이메일 editorkhs@empal.com

북카페 주소 cafe.naver.com/penielpub.cafe
인스타그램 @peniel_books

도서출판 브니엘은 독자들의 원고를 설레는 마음으로 기다리고 있습니다.
위의 이메일로 간단한 기획 내용 및 원고, 연락처 등을 보내주십시오.

도서출판 브니엘은 갓구운 빵처럼 항상 신선한 책만을 고집합니다.

4인의
영적
거장

영적 거장들의
우리 시대를 위한 고전

레이먼드 브라운 지음
유재덕 옮김

브니엘

밝은 빛 속에서

치솟는 물가 때문에 '디아이와이' 시대가 찾아왔다. 많은 사람이 '스스로 하는 일'(DIY: do it yourself)에 거침없이 도전했다. 그러다가 일부는 즐거움을, 또 일부는 감춰진 재능을 발견했다. 나 같은 사람에게는 여전히 전문가의 솜씨가 절실하다. 그런데 '디아이와이 그리스도인'은 존재하지 않는다. 재능을 모두 갖춘 사람은 있을 수 없다. 신자들은 서로를 의지하고 살아가야 한다. 바울의 생생한 주장에 따르면 모든 인체는 서로 다른 장기나 지체를 의지해서 돌아간다(고전 12:4-31). 바울은 고린도교회 교인들에게 그리스도인 역시 다른 신자들의 도움과 동역이 필요하다고 역설했다.

조지 허버트(George Herbert)는 17세기 목회자들에게 다른 그리스도인들의 책을 읽도록 강조하면서 같은 내용을 설득력 있게 제시했다. 인체 중 모든 기능을 담당한 장기가 없는 것처럼 자원을 독식하는 국가 역시 존재할 수 없다. 마찬가지로 하나님은 서로 조화롭게 도움을 주고받으며 살아가도록 계획하셨다.

> 한 국가가 모두 감당할 수 없어 무역이라는 게 존재하는 것과 마찬가지로 하나님은 자기 종들 사이에 지식이 흘러서 사랑과 겸손을 모두 기를 수 있도록 한 사람에게 전부 허락하지 않으셨고, 또 앞으로도 계속 그럴 것이다.

자원을 한 국가가 독점하는 게 불가능하듯이 은총을 독차지하는 시대 역시 존재하지 않았다. "어느 시대든지 하나님은 자신을 섬기는 종들을 배치하신다"라는 조지 허버트의 발언은 적절하다.[1] 만일 우리가 그들에게 전혀 배울 게 없다고 고집을 부리면 그들의 사랑은 부정되고 우리의 겸손은 위태로워진다.

건강한 그리스도인의 확실한 특징은 더 나은 사람이 되고자 하는 열망이다. 그 때문에 우리는 그리스도인의 성장을 장려하는 과정에서 앞서 살다 간 동역자들에게 많은 것을 배울 수 있다. 그들은 먼 과거에 길을 잃고 낙오한 사람들이 아니라 지금 그리스도 안에서 살아 숨 쉬는 동료 신자이고, 하나님이 자신을 신뢰하는 모두를 위해 예비한 더 나은 삶에 먼저 도달한 우리의 동역자이다. 그들은 예리한 통찰력과 광범위한 지식, 다양한 경험을 물려주었다. 그들을 무시하거나 교만하게 망각하는 것은 잘못이다.

여기서 소개하는 네 명의 그리스도인은 모두 역사적으로 힘겨운 시대를 살았다. 누구 하나 편안한 삶을 살지는 못했어도 그리스도를 위해 영웅적으로, 탁월한 지략으로, 영향력 있는 삶을 살았다. 온갖 실수에도 그들이 주변에 있어서 세상은 더 좋아졌다. 네 명 모두 상당한 저서를 남겼지만 그 가운데 널리 알려진 것들만 따로 선별했다. 그들과 그렇게 다를 게 없는 세상에서 괜찮은 그리스도인이 되려고 애쓰는 우리에게 서로 다른 관점에서 건네줄 것이 많다고 생각하기 때문이다.

투옥과 온갖 어려움을 겪었고 늘 통증에 시달리던 리처드 백스터(Richard Baxter)는 기독교 서적들에서 "언제나 유익하고 즐거운 벗과 도움"을 발견했다는 글을 남겼다. 그 저서들은 암울한 시기를 보내는 백스터에게 마음의 안정과 용기를 안겨주었다. "나는 모든 시대를 아우르는 학구적이고 지혜롭고 거룩한 사람들이 세계를 비추려고 밝힌 밝은 빛 속에서 살고 있다."[2]

우리가 만나게 될 네 권의 기독교 고전이 각별한 것은 상당한 저서를 남긴 저자들이 하나님의 은총, 그리스도의 실체와 내주하는 성령의 능력을 직접 경험했기 때문이다. 예수님은 그들이 죽은 게 아니라 어느 때보다 생생하게 살아 있다고 말씀하신다(요 11:25-26). 언젠가 우리는 하나님의 자비 속에서 그들을 만나게 될 것이다. 그들이 남긴 책들은 하늘나라에서 계속될 대화를 걸어온다.

글쓴이 레이먼드 브라운

[프롤로그 주] ···

1) 조지 허버트, 「시골 목사」(George Herbert, A Priest to the Temple, or The Country Parson, 1675), p.12.
2) 리처드 백스터, 「빌립보서 1장 23절에 관한 떨칠 수 없는 생각」(Richard Baxter, Dying Thoughts upon Phil 1:23, 1688, 2nd ed.), pp.223-234.

2천 년이라는 세월을 훌쩍 넘긴 기독교 역사를 되돌아보면 시대마다 탁월한 업적을 남긴 인물이 적지 않다는 것을 새삼 확인하게 된다. 처음 기독교가 출발했던 팔레스타인 지역부터 인근의 북아프리카와 소아시아, 지중해 맞은편 그리스, 이탈리아와 중북부 유럽, 신대륙 아메리카와 현재 우리가 속한 동북아시아 지역에 이르기까지 무수한 인물이 시공간을 뛰어넘어 오늘날까지 성운처럼 역사에 자리 잡고 선명한 빛을 발하고 있다. 기독교는 우리를 앞서간 그들 모두의 희생과 노력 덕분에 현재의 모습을 갖출 수 있었다.

레이먼드 브라운은 여러 인물 가운데 아우구스티누스와 루터, 번연과 웨슬리를 집중적으로 소개한다. 기독교 역사의 많은 인물 가운데 어째서 넷뿐인지 의아해할 수는 있어도, 저자의 선별이 정당했는지 여부는 누구도 문제 삼지 않을 것이다. 이미 네 사람은 학문의 차원은 물론 우리 신앙생활에 여전히 상당한 영향력을 발휘하고 있을 뿐 아니라 심지어 일반에까지 친숙할 정도로 그들의 삶과 업적이 널리 알려졌기 때문이다.

저자가 굳이 넷을 선택한 까닭을 나름대로 설명하자면 무엇보다 시대와 맞물린 극적인 삶을 꼽을 수 있다. 아우구스티누스는 종말로 치닫는 로마제국의 운명을 하나님 섭리로 재해석해서 당시 사람들이 희망의 끈을 놓지 않도록 도왔다. 루터는 동력을 상실한 중세 기독교를 종교개혁으로 쇄신하고 유럽 전체의 정치, 경제, 문화를 변모시켰다. 번연은 유명무실한 영국교회에 문학적 상상력을 활용해서 새로운 방향을 제시했고, 웨슬리는 영국을 넘어서서 유동하는 18세기 서구 사회에 그리스도를 좇는 진정한 삶이 무엇인지 구체적으로 예시했다.

선택의 또 다른 이유는 부단한 변화의 모색이다. 네 사람 모두 인생 초반에는 아주 평범했다. 이리저리 떠돌며 정착하지 못한 수사학 교사 아우구스티누스, 구리 채굴 광산업자 아들로 학업을 포기했던 수도사 루터, 이력이라고는 땜장이와 군 생활뿐 변변한 교육이라고는 받아본 적 없는 번연, 그리고 실패한 선교사 웨슬리는 남 앞에 달리 내세울 게 없었다. 그런데 그들은 모두 끊임없이 변화를 추구했다. 변화에 필요한 에너지는 역설적으로 만족스럽지 못한 삶, 고난이었다. 감당하기 어려울 정도로 괴롭히던 강력한 시련은 영적 거장으로 빚어가는 하나님의 손길이었다는 게 나중에 가서 드러난다.

저자는 기존의 전기 집필 방식과 달리 네 명의 거장이 집필한 대표작을 중심으로 삶의 궤적을 촘촘하게 추적한다. 이런 세심하고 성실한 전략은 아주 성공적이다. 아우구스티누스가 "내 작품 중 그 어느 것이 더 많이 알려지고 사랑받을 수 있을까?"라고 자부한 「고백록」을 거론하지 않고 어떻게 그의 진면모를 소개할 수 있을까. 이발사에게 진정한 기도의 길을 소개한 루터의 「단순한 기도의 방법」이나 번연의 영적 자서전 「죄인의 괴수에게 넘치는 은혜」, 직접 뛰어들어 수행한 사역을 성실하게 보고한 웨슬리의 「일기」역시 마찬가지다. 저자는 원문을 적절하게 인용하고 때로는 곁들이고 거들면서 영적 거장들의 성장과 내면의 모습을 가감 없이 보여준다.

「4인의 영적 거장」의 번역을 결심한 것은 몇 해 전이었으나 이런저런 이유로 이제야 마무리했다. 비록 느린 작업이었지만 우리 시대의 고전으로 꼽는 영적 거장들의 작품을 저자 레이먼드 브라운의 성실한 글쓰기를 통해 다시 읽고 우리말로 옮기는 과정은 큰 즐거움이었다.

누구 말마따나 우리는 지금 사람답게 살기 힘든 시절을 지나고 있다. 우리가 생활하는 세계는 어찌해 볼 요량이 보이지 않을 만큼 비관적일 때가 많다. 때로는 냉소하고 때로는 울분하고 때로는 불평불만 하거나 애써 외면한다. 지성적으로 바로잡고 이끌어가야 할 대학을 비롯한 공적 영역은 오래전 기능을 상실했고, 소금과 빛의 역할을 감당해야 하는 교회 역시 그런 비난에 비켜나 있지 않다 보니 혼란이 가중되고 있다.

우리에게는 14세기 후반 천문학에서 처음 등장하고 중세 신학자 토마스 아퀴나스가 즐겨 사용한 '영향력'(influentia), 그러니까 보거나 만질 수 없는 수단으로 변화를 일으키는 능력이 절실하다. 불가능에 가까운 이런 꿈을 부단히 꾸는 그리스도인은 이 책을 통해 상당한 용기와 도움을 얻을 수 있다. 네 명의 영적 거장 모두 힘겨운 시대를 살면서도 온갖 시련을 믿음으로 극복하고 자신이 속한 세계를 변화시켰기 때문이다. 그렇게 본다면 네 사람의 작품은 새로운 세계를 만들어 가자는 일종의 초대장이다. 하나님의 도움에 의지해서 더 괜찮은 사람이 되고 더 괜찮은 세상을 만드는 데 동참하도록 재촉하는 그들의 초대에 응할지는 이제 선택이 아니라 의무가 되었다.

옮긴이 유재덕

아우구스티누스

고백록

" 당신은 바로 내 앞에 계셨습니다 "

※ 여기서 인용한 글은 헨리 채드윅(Henry Chadwick)이 번역한 「고백록」
(Confessions, Oxford Press, 1991)에서 가져왔다.

히포 레기우스(Hippo Regius)라는 오래된 항구에서 주교직을 수행하기는 쉽지 않았다. 4세기 북아프리카 기독교 공동체는 심각하게 분열했고 거리를 마주한 교회끼리 경쟁했다. 히포에서 억지로 교회를 지도하게 된 한 사내는 시대를 초월한 위대한 그리스도인이 되었다. 삶이 새로운 국면을 맞이하기 전, 타고난 학자였던 아우렐리우스 아우구스티누스(Aurelius Augustinus)는 수도원 비슷한 마을 공동체에서 벗들과 함께 어울리며 지냈다. 타가스테(Thagaste), 오늘날 알제리의 수크 아라스(Souk Ahras)를 떠나온 지 얼마 되지 않은 상태였다. 354년 로마 누미디아(Numidia) 지방의 타가스테에서 태어난 그는 20대 후반에 높은 자리를 기대하고서 아프리카를 떠나 이탈리아를 대표하는 도시로 건너갔다. 경건한 그리스도인이었던 어머니 모니카(Monica)는 아들이 헌신적인 그리스도인이 되기를 무엇보다 바랐지만 불신자 남편 파트리치우스(Patricius)는 아우구스티누스가 로마 사회에서 수입이 괜찮은 행정직이나 교수 자리를 차지하는 게 유일한 소원이었다.

아들의 영적 평안에 대한 모니카의 바람은 어쩌면 어머니라면 떨쳐낼 수 없는 소유욕과 그리 무관하지 않아 보인다. 젊은이가 고향을 떠난 것은 야망으로만 설명할 수 없다. 신앙과 도덕적 확신이 강했던 모니카는 아들의 생활방식을 인정하지 않은 게 분명했다. 특히 아프리카 출신 어린 소녀와의 동거가 그랬는데, 그 일로 하나님의 선물이라는 뜻을 가진 아데오다투스(Adeodatus)가 태어났다.

아들이 가족과 아프리카를 떠나는 날, 모니카는 상황이 호전되리라는 기대는 버리지 않았지만 무너져 내리고 말았다. 그녀는 이야기의 전모를 몰랐다. 이어지는 여정과 이후로 계속된 만남이 섭리에 따라 진행되었고 아들은 낯선 환경에서 확실한 신앙을 소유할 수 있었다. 386년 어느 여름날 막역한 친구 알리피우스(Alypius)와 밀라노 정원에서 바울의 서신을 읽다가 그리스도와 극적 만남을 경험했다. 하룻밤 사이에 벌어진 일은 아니었다. 그가 정원에 들어서기 이미 훨씬 전부터 온갖 사건이 진행되다가 특정 순간이 닥치자 흔들리던 신앙이 개인적 경험을 바꾸어 놓을 정도로 아주 선명하게 초점을 맞추었다. 회심하고 나서 대략 30년 후 하나님의 은혜를 기록으로 남길 목적으로 영적 고전이 될 「고백록」(Confessions)을 집필하는 데 시간을 바쳤다. 작품이 의도한 것은 세 가지였다. 하나님과의 애정 어린 대화, 자신을 위한 유익한 메시지, 타인에 대한 설득력 있는 증언이었다.

비록 엄청나게 변화한 지금과 아우구스티누스 사이에는 역사적으로 상당한 격차가 존재하지만 그렇다고 해서 작품이 시대에 뒤진다거나 그저 고대 문화의 이야기를 좋아하는 사람의 관심을 끌 정도의 작가라고 치부해서는 안 된다. 아우구스티누스가 살았던 세계와 우리 세계가 별반 다르지 않다는 사실을 부정하면 그를 고루한 과거에 묶어둘 위험에 처할 수 있다. 당시는 폭력, 미신, 신비주의, 미묘한 우상 숭배, 종파의 확산, 죽음의 공포, 가족 해체, 아동 학대, 인종 갈등 등이 두드러진 세계였다. 연대를 제외하고는 오늘날 사회와 거의 다르지 않았다.

북아프리카 지역 사람들은 기질이 불같고 변화무쌍해서 주교 신분으로 가족이나 이웃 간 다툼을 해결하려고 지역관리나 법정대리인을 만나고, 이런저런 상거래의 부당함을 규정하는 법을 만드는 게 일상이었다. 아우구스티누스는 설교를 즐겨서 수천 편의 설교가 전해지고 있지만 매일의 일정은 꽤 미신적인 대다수 지역 주민이 어려움을 겪거나 질병이 두려워 주술 행위에 쉽게 빠져들 때 환자를 방문해야 할 책임까지 광범위했다. 그는 편지를 쓰는 일에 상당한 시간을 할애했고(그 가운데 2백 통은 지금도 읽을 수 있다), 성경을 강해하거나 교리를 설명하고 경건생활을 격려하고 신앙문제를 거론하는 한편, 이단을 비판하는 작품을 써서 당시 그리스도인들을 보살폈다.

아우구스티누스는 분주하게 살면서도 수백 권의 저서를 집필했다. 그래서 나중에 세비야의 이시도레(Isidore of Seville)는 아우구스티누스의 작품을 모두 읽었다는 주장은 어쩌면 허풍일 수 있다고 말할 정도였다. 기독교 세계에 새로운 책이 전달되기도 전에 또 다른 책이 등장했다. 분량이 비교적 적은 것도 있었지만 어떤 것들은 방대했다. 그 가운데 13년 동안 매달린 「하나님의 도시」(The City of God)는 내용이 장황해도 기념비적 작품으로 여전히 중요하게 인정받고 있다. 이 세상의 성취를 상징하는 일시적인 도시의 성격과 하나님이 통치하는 영구적인 도시의 특징을 대조하는 연구였다. 그 책은 오만하게 '영원한 로마'를 자처하던 제국이 해체되는 과정에서 야만족의 침략을 무력하게 겪어야 하는 시기에 집필되었다. 아우구스티누스는 생애 말기에 야만족이 아프리카 해안을 모조리 장악하자 '두 도시 이야기'를 통해 아주 중요한 메시지를 전달했다. 모든 만물이 사라져도 하나님께 속한 것은 영원히 지속된다는 사실을 명심하라는 것이다. 그런데 우리는 여기서 그의 유명한 또 다른 작품인 「고백록」에 주목한다.

「고백록」은 아주 탁월한 작품이다. 그 책을 집어 들면 생생한 자서전, 사회의 역사, 심리학적 통찰, 성경 해석과 영적 각성이라는 풍성한 광맥을 발견한다. 이제 우리는 기독교의 영성을 제대로 소개하는 아우구스티누스의 고전 작품을 살펴보고, 이 탁월한 그리스도인에게서 하나님과 깊은 관계를 유지하는 한편, 현대 세계에 속한 그의 사랑스러운 후계자, 순종하는 종, 그리고 강력한 증인으로서 잠재력을 발휘하는 방법을 익히는 것을 일차 목표로 삼으려고 한다. 「고백록」의 세 가지 핵심 주제는 하나님을 아는 것, 필요를 인정하는 것, 도움을 받아들이는 것이다.

하나님의 임재 안에서 하나님을 바로 알기

「고백록」 어디서도 자서전이라는 표현을 찾을 수 없다. 제목은 이중적인 목적을 반영하고 있다. 신앙고백이면서 동시에 필요에 대한 고백이다. 첫 장부터 우리는 무릎을 꿇은 채 하나님 임재 안에서 자신을 구도자, 가난한 자, 빚진 자라고 솔직하게 규정하는 사내와 동행한다는 것을 깨닫게 된다. 하나님을 확고하게 지향하는 그 책은 일관되고 아주 진솔한 기도이다. 가장 많이 인용되는 문장이 들어가 있는 첫 문단은 아우구스티누스의 경탄과 감사의 마음을 포착한다.

주님, 주님은 위대하시니 크게 찬양받으실 만합니다. …주님의 피조물의 한 부분인 인간이 주님을 찬양하기를 원합니다. …주님은 우리 인간의 마음을 움직여 주님을 찬양하고 즐기게 하십니다. 주님은 우리가 주님을 향하여 살도록 창조하셨으니 우리 마음은 주님 안에서 쉴 때까지 평안을 누리지 못합니다.

아우구스티누스는 글을 쓰면서 하나님의 위대함을 더 자세히 확인하려고 그 임재 안으로 들어간다. 「고백록」에서 우리는 하나님의 본모습을 신선하고 흥미롭게 그러면서도 겸손하게 발견한 기도의 사람을 마주한다. 하나님에 대한 이해를 부단히 강화하지 않으면 누구도 영적으로 성숙할 수 없다. 그런데 아우구스티누스는 모든 사람이 제한적인 이성의 도움만으로는 하나님을 제대로 파악하지 못한다는 것을 알고 있었다. 여기에서 다음의 세 가지 주제가 두드러지는데 아우구스티누스는 하나님에 대한 직접적인 경험을 추구하는 과정에서 그 중요성을 깨달았다. 우리가 지닌 지성의 한계, 인간의 죄악이 이성의 활동에 초래하는 파괴, 그리고 인격적으로 직접 계시해서 우리가 지닌 최상의 지적 장치를 활용하고 초월하는 하나님에 대한 전적 의지가 그것들이다.

첫 번째 문제는 하나님을 추구하는 지성의 한계와 관계가 깊다. 아우구스티누스는 최고의 지성을 소유했으나 인간이 일련의 명제에 동의하는 것만으로는 하나님을 파악하지 못한다는 사실을 깨달았다. 누구든 하나님께 다가서려면 감정과 의지에 이성이 합류해야 한다는 것을 개인적 탐구와 목회 경험으로 확인했다. 회심의 문턱에서 그는 인간의 제한된 지적 능력의 한계를 증명했다. 친구 알리피우스는 아우구스티누스가 문맹자들이 경험하는 신앙의 기쁨과 자신처럼 하나님에 대해 장시간 토론할 수 있어도 인격적으로 하나님을 알지 못하는 학자들의 영적 무능력을 고통스럽게 대조하자 깜짝 놀라서 그저 듣고만 있었다. "우리에게 무엇이 잘못된 걸까? …제대로 교육받지 못한 사람들은 일어나서 천국을 획득하는데, 소위 모든 학문을 갈고닦았다고 하는 우리가 지금도 혈육의 진흙탕에서 뒹굴고 있는 것을 보라니까."

아우구스티누스는 기독교 신앙에 대해 지성적으로 설득되어야 하지만 감정 역시 관여하지 않으면 안 된다는 사실을 알고 있었다. 찬란한 인격적 신앙에 도달하기 위해서는 하나님을 알고자 하는 간절한 바람이 있어야 한다는 것이다. 의지 역시 기꺼이 순종해야 하는 것은 물론이다.

그런데 두 번째 문제는 바람을 소유해도 그것을 추구하는 게 쉽지 않을 수 있다는 것이다. 하나님을 찾는 과정에서 이성적 과정은 한계가 있을뿐더러 제구실을 못한다. 아우구스티누스는 영적 실체를 추구하다가 기민한 정신이 잡스러운 생각들로 이루어진 미로였고, 다른 성품들처럼 인간 이성이라는 최고의 선물이 죄 때문에 왜곡되고 곡해된다는 것을 깨달았다. 그는 하나님을 알려고 노력했다. 하지만 자신의 표현과 기대했던 시기와 방법을 의지했다. 풍부한 상상력은 감각적인 것들에 몰입했고 그 덕분에 하나님에 관한 그릇된 생각에 빠져들었다. 지성 중심적 태도는 맹목적이었고 교만에 오염되었다. 그리고 하나님께 인도할 수 있는 단 한 권의 책, 성경을 딱히 고민하지 않고 열등한 작품으로 치부해 버렸다. 「고백록」의 첫 부분은 자신이 아닌 하나님의 도움이 필요하다는 것을 설득력 있게 표현한다.

> 자비를 베풀어 주님께 말하게 하십시오. …나에게 그 말씀을 듣게 하십시오. …내 영혼의 집은 주님이 들어오시기에 너무 비좁습니다. 주님이 넓혀주십시오. 폐허가 되었으니 고쳐주십시오. 주님이 보시기에 거슬릴 게 몹시도 많습니다. 인정하고 알고 있지만 어찌 누가 깨끗이 정리할 수 있겠습니까?

아우구스티누스가 세 번째로 인정한 것은 사람이 아무리 개인적으로 신앙을 소원해도 하나님이 직접 알려주시지 않는 이상 결코 알 수 없다는 사실이다. 소년 시절 이후 줄곧 무척이나 종교적이었고 하나님을 찾아가는 과정에서 상당한 종교적 지식을 확보했지만 인격적으로 그분을 알 수 없음을 깨달았다. 「고백록」에서 아우구스티누스는 잇따라 꼬리를 물고 궁금하게 만드는 결정적인 문제를 거듭 제기하면서 인간의 무력함을 털어놓는다.

> 그러나 주님을 모르면서 누구라서 주님을 부르겠습니까? …그러면 나의 주되신 하나님을 내가 어떻게 부를 수 있을까요? …어디로부터 내 안에 오시게 하겠습니까? …그러면 나의 하나님, 하나

님은 누구신지요? …인간이 주님에 대하여 말할 때 무엇을 말할 수 있습니까? …자비를 베풀어 내가 주님에게 말하게 하여주십시오.

하나님 없이 인생의 난제를 해결할 방법은 없다. 위로부터의 도움만이 아우구스티누스가 자신이 어디서 왔고 어째서 여기에 있고 또 어디로 가는지 알 수 있게 할 뿐이다. 삶의 기원과 의미, 운명은 하나님만 풀 수 있는 신비이다.

아주 거대하고 복잡한 문제의 해답을 필사적으로 좇다가 하나님을 만나지 않고는 영원히 헤맬 수밖에 없음을 깨달은 아우구스티누스는 하나님의 계시를 간구한다. 하나님은 전적으로 의지하고 필사적으로 부르짖는 사람을 높여주신다. 아우구스티누스가 하나님을 의지하는 순간 오랜 방황은 갈망하던 하나님의 본성에 대한 확실한 깨달음으로 보상받았다. 아우구스티누스는 「고백록」을 통해 말씀하시고 사랑하시고 또 기다리시는 하나님께 사무치는 감사함으로 영광을 돌린다.

말씀하시는 하나님

이미 우리는 「고백록」이 갈피를 못 잡는 구도자의 생각에서 애타게 터져 나오는 일련의 긴박한 질문에서 출발한다는 것을 살펴보았다. 하지만 그 질문마다 성경에 기록된 확실한 답변이 나란히 배치

되는데 처음부터 마지막까지 아우구스티누스는 골라낸 성경 구절을 풍성한 이야기와 조심스럽게 섞어나간다. 글을 진행하다가 성경 구절로 넘어가는 형태를 취하는 경우가 많은데 서로 번갈아서 의미심장하게 설명하도록 정교하게 배치되었다. 책은 창세기 시작 부분의 핵심 구절을 집중적으로 해석하는 것으로 마무리한다.

아우구스티누스의 신앙 경험에서 성경은 본질 그 자체이다. 탁월한 설교자였던 그는 설교뿐 아니라 「고백록」 역시 독자를 구약성경과 신약성경에 기록된 하나님 말씀으로 인도할 수 있기를 간절히 기대한다. 진정한 구도자는 바로 그것으로부터 문제를 확인할 수 있다고 생각했다. 지적으로 수준 높은 사람들은 그리스도인들이 교회에서 읽는 성경보다 학문적인 철학 작품에서 인생의 심오한 문제의 답을 찾는 게 당시 문화였다. 지성인들은 성경을 아주 형편없는 작품으로 간주했다. 아우구스티누스는 성경을 처음으로 진지하게 읽기 시작했을 때 상당한 거부감을 느꼈다. 당시 그는 18세 청소년이었고 카르타고에서 수사학을 공부하는 중이라서 언어가 전공이었다. 언어는 지성적으로 명확하게는 물론 매력적으로 논증하는 데 무척 중요했다. 언어는 마음을 파고들고 생각을 움직이고 의지를 흔들어 놓아야 하는데 그가 보기에 성경은 무엇보다 그런 수준에 미치지 못했다. 아우구스티누스는 성경을 이렇게 평가했다.

성경은… 키케로의 위엄에 비길 수 없다고 생각했습니다. 이처럼 나의 교만은 성경의 소박한 문체를 싫어해서 통찰력이 내적인 의미까지 파고들지 못했습니다. 하지만 성경은 초심자가 성숙하는 만큼 그 의미가 자라도록 구성되어 있습니다. 나는 어린 초보자가 되는 것을 경멸했습니다. 교만이 하늘을 찔러서 자신을 다 자란 성인으로 여겼습니다.

아우구스티누스는 성경의 메시지에 복종하기에는 너무 거만했다. 그는 문학의 관점에서 세련된 것을 더 좋아해서 성경의 도덕적 요구를 무시하고는 당시 자신의 사고 수준에 맞추려고 했었다. 그는 겸손해야 성경의 메시지를 누릴 수 있다는 것을 깨달았다. '교만한 자'는 성경의 메시지를 '이해하기 힘들고', 그리고 "나에게는… 그 말씀에 고개를 숙이고 따를 겸손마저 없었다"라고 고백한다.

탁월한 지성을 갖춘 사람도 성경을 이해하고 성경을 통해 변화될 수 있다는 사실을 아우구스티누스가 깨닫게 된 것은 밀라노를 대표하는 설교자 암브로시우스(Aurelius Ambrosius, 340?-397)의 강해 덕분이었다. 성경에 대한 확신이 확고해지자 성경이 전하는 그리스도가 자신의 삶을 변화시킬 수 있다는 심오한 깨달음에 한 걸음 더 다가갈 수 있었다. 그는 평화로운 밀라노 정원에서 바울이 로마인들에게 보낸 서신을 읽다가 강력한 확신을 얻었다.

나는 알리피우스가 앉았던 곳으로 급히 돌아갔습니다. 내가 그곳에서 일어났을 때 거기에다가 사도의 책을 내려놓았습니다. 나는 그 책을 집어 들자마자 펴서 눈에 띄는 첫 구절을 읽었습니다. "방탕하거나 술 취하지 말며 음란하거나 호색하지 말며 다투거나 시기하지 말고 오직 주 예수 그리스도로 옷 입고 정욕을 위하여 육신의 일을 도모하지 말라"(롬 13:13-14). 나는 더 이상 읽고 싶지 않았고 또 더 읽을 필요도 없었습니다. 그 구절을 읽는 순간 불안을 모두 제거하는 어떤 빛이 내 영혼에 흘러넘쳤습니다. 의심의 그림자는 순식간에 모두 사라졌습니다.

그 순간 이후 줄곧 아우구스티누스는 루터의 표현처럼 '말씀에 사로잡혔다.' 391년, 본인의 의사와 다르게 히포 지역교회에서 장로직을 맡게 되자 그는 주교에게 성경에 대한 지식을 늘릴 수 있게 먼저 공부할 시간을 달라고 부탁했다. 그는 '노 젓는 법'을 익히기도 전에 '조타수 옆자리'를 받아들이도록 설득당했다.[1] 성경과 함께하는 시간이 새로운 사역을 위한 최선의 준비였다.

아우구스티누스는 성경을 통해 하나님의 특별한 소식을 전달받지 않으면 그리스도인의 영적 성장이 불가능하다고 교훈한다. 말씀하시는 하나님께 영광을 돌리는 게 바로 그분을 사랑하는 것이다. 하나님을 경배한다는 것은 하루도 거르지 않고 그분 말씀에 집중하면서 교훈에 기꺼이 순종한다는 것을 의미한다.

사랑하시는 하나님

더구나 이렇게 말씀하시는 하나님의 메시지는 끝을 가늠하는 게 불가능할 만큼 다정하다. 하나님이 맨 처음 건네신 말씀은 사랑이다. 사랑이 바로 하나님의 이름이고 본성이다. 아우구스티누스는 그 것이 바로 공급하고 뒤따르고 보호하고 용서하는 사랑이라는 사실을 알게 되었다.

아우구스티누스는 「고백록」에서 하나님의 사랑을 설명하다가 어릴 때를 회상한다. 유아 시절을 돌이키다가 하나님의 자비가 인간의 죄와 첨예하게 대조를 이루고 있음을 깨달았다. 이야기를 풀어나가면서 애초부터 어떤 삶을 살아야 마땅했는지 생각한다. 그는 한결같이, 그러면서도 사랑으로 양육된 것을 기적으로 인정하고서 하나님께 감사한다.

> 내 비록 인간의 젖으로 마음껏 위로를 누렸으나 젖먹이를 먹인 것은 가슴을 가득 채우기로 한 어머니나 유모보다는 자연 질서에 깊이 심어두신 법칙과 풍성함을 따라서 하나님이 하신 일이었습니다. …오, 하나님! 실제로 선한 것은 예외 없이 하나님으로부터 주어지니 "(하나님이) 나의 모든 구원…을 어찌 이루지"(삼하 23:5) 아니하시겠습니까?

게다가 하나님의 이 사랑은 유아기에 끝나지 않는다. 어린 시절과 장성한 이후로도 계속되었다. 그는 젊은 시절 겪은 다양한 사건 배후에 사랑의 손길이 있었다는 것을 쉬지 않고 증언한다. 하나님은 사랑스럽고 의존적인 아이를 양육하는 것 그 이상으로 베푸셨다. 아우구스티누스는 오만하게 독립적이고 도덕적으로 엇나간 성인의 길을 고집했으나, 그래도 무한한 사랑이 주어졌다. 하나님의 인내와 배려와 피할 수 없는 이 사랑이라는 주제가 그의 생각을 맴돌았다. "내가 세상의 넓은 길을 걸을 때도 주님은 나를 버리지 않았습니다."

뒤를 따르시는 하나님은 가까이하지 않으려는 우리의 드센 고집에 영향받지 않으신다.

> 굳게 닫힌 마음이라도 주님의 눈을 피할 수 없고 완고한 인간의 마음이라도 주님의 손길을 물리칠 수 없습니다. 주님은 마음대로 자비나 심판을 통해 그 완고한 마음을 녹이시니 '열기에서 피할 자가' 없습니다. …주님을 피해 멀리 갈지라도 주님만이 홀로 언제나 존재하십니다. …주님은 바로 내 앞에 계셨습니다. 하지만 …나 자신을 찾을 수 없으니 하물며 주님은 어떠했겠습니까.

그는 자신이 무심했을 때도 하나님이 뒤따르면서 보호하셨다는 것을 깨달았다. 사랑의 하나님은 도덕적 수호자가 되어 돌봄의 사랑으로 울타리를 치고 전염되기 쉬운 죄와 파괴적인 범죄를 멀리하게 해주었다.

더구나 내가 악한 짓을 하지 않은 것도 주님의 은혜 덕분입니다. 불필요한 죄를 사랑하는 내가 무슨 짓을 못 했겠습니까? 나의 모든 죄와 주님의 인도하심으로 실행하지 않은 죄까지 남김없이 용서받았음을 고백합니다.

누구라서 자신의 연약함을 알면서 순결함과 무죄함을 자기 능력 탓으로 돌리고, 주님의 자비가 덜 필요하니 주님을 사랑할 명분이 덜하다고 하겠습니까. …그도 나처럼, 아니 나보다 더 주님을 사랑해야 합니다. 죄라는 지독한 질병에서 나를 구원한 분이 그 사람 역시 지독한 질병의 제물이 되지 않도록 해주었다는 것을 깨달을 수 있기 때문입니다.

하나님은 아우구스티누스가 경건함을 유지하도록 뒤따르셨을 뿐만 아니라 황폐하게 만드는 죄에서도 보호하셨다. 끝없는 경고에도 죄를 짓더라도 하나님은 관대하게 대하셨다. 죄악에서 허우적대도 용서를 구하면 하나님은 응하셨다. 그에게는 분에 넘치는 자비였다. 그래서 아우구스티누스는 이렇게 기도한다.

주님, 주님이 그토록 막중한 죄악과 사악한 행동을 용서하셨으니 주인이 되시는 주님을 사랑하고 주님의 이름에 감사하며 고백합니다. 주님의 은총과 자비 때문에 내 죄가 얼음처럼 녹아내렸습니다.

기다리시는 하나님

「고백록」에서 아우구스티누스는 말하고 행동해야 할 순간을 정확하게 알고 계시는 하나님의 인내에 거듭 경탄한다. 하나님은 오래 걸려도 서두르지 않고 최상의 순간을 기다리신다. 아우구스티누스는 아무것도 하지 않지만 실상은 때를 기다리면서 미래 어느 시점에 개입하기에 적절한 기회가 온다는 것을 아시는 하나님의 의도된 '침묵'을 소개한다. 하나님은 미래를 장악하려고 무지와 오해, 외면, 심지어 조롱까지 기꺼이 감수하신다. 젊은 시절 아우구스티누스는 "육체적 모험이라는 어두운 밀림을 마음껏 내달렸으나" 하나님은 인내하면서 돌아오기를 기다리셨다.

나는 주님을 멀리 떠났지만 주님은 버려두셨습니다. 나는 음탕한 생활을 하면서 뒹굴며 자신을 낭비하고 쏟아버리면서 헤매고 있었습니다. 그러나 주님은 침묵하셨습니다. 나는 얼마나 천천히 내 기쁨을 발견했는지 모릅니다. …그때 주님은 한마디도 하지 않으셨고, 그래서 나는 주님을 멀리 떠나서 길을 잃고 거만한 낙심과 불안한 피곤함에 젖어 슬픔의 불모지에 더욱 깊게 빠져들었습니다.

세월이 흐르자 침묵하시는 하나님은 이 사내가 즐거움으로 삼은 것들을 서서히 거두어가셨다. 아우구스티누스의 예민한 마음에 거룩한 불만을 조성해서 날이 갈수록 감당할 수 없게 만드셨다. 하나님은 부드러운 방식으로 부족함과 절대적인 무력함을 자인하도록 만드셨다. 인내하시는 하나님이 출구를 막으시니 돌아갈 길은 하나밖에 남지 않았다.

> 그때 나는 명예와 돈과 결혼을 열망했고 주님은 나를 보고 웃으셨습니다. 이런 열망을 추구하다가 나는 더할 수 없는 쓴맛을 보았습니다. 그러나 주님의 자비는 그 곤경으로 강력하게 역사해서 주님이 아닌 다른 것에 별다른 즐거움을 느끼지 못하게 하셨습니다.

노련한 목회자 아우구스티누스는 하나님을 알고 싶으면 누구든지 거룩한 본성을 제대로 묘사하는 것은 물론 또 다른 무엇이 필요하다고 생각했다. 진심으로 믿음을 추구하는 사람은 하나님에 대한 논리적 개념과 함께 자신을 있는 그대로 바라봐야 한다. 아우구스티누스는 자신의 죄를 털어놓는다. 이는 동시대 사람들에게 북아프리카 출신 청년의 지적 거만과 도덕적 타락을 내보이기 위함이 아니라 자기 경험이 유별나지 않다고 진심으로 믿었기 때문이다. 아우구스티누스와 비슷한 방식으로 죄를 짓지 않을 수 있지만 그의 독자들은 모두 죄인이니 용서하시는 하나님의 은총을 누리기에 앞서 죄를 인정하고 털어놓아야 한다. 그가 「고백록」을 통해 단순히 타가스테 출신 아우구스티누스에 관한 일화가 아니라 그 당시와 우리 시대에 속한 남녀의 일화를 털어놓는 것도 그런 신학적 이유 때문이다.

하나님이 절실히 필요하다는 사실을 인정하기

아우구스티누스는 하나님께 바치는 감사의 기도로 책을 집필했고 그 과정에서 줄곧 따뜻한 경이로움을 느꼈다. 만년에 그는 「고백록」을 읽다가 그것을 쓸 때만큼이나 감동이 컸다고 말했다. 그는 젊은 시절의 방황에 대한 그릇된 호기심으로 독자들이 자기 책에 빠져드는 것을 걱정했다. "인간은 다른 이들의 삶을 알고 싶어 하면서도 자신의 삶을 바로잡는 데는 무심합니다." 그는 절망 속에서 용서와 소망이 필요한 사람들의 손에 자기 책이 전해지도록 기도한다.

사람들이 나의 사악한 과거에 관한 고백을 읽고 들을 때 그들의 마음이 감동하게 하소서. 주님은 나를 용서하시고 주님 안에서 행복을 누리게 하셨습니다. …그들이 절망의 잠에 빠져서 "나는 할 수 없다"라고 말하지 않게 하소서. 오히려 주님의 자비를 사랑하고 주님의 은총을 좋아하고, 힘겨워하는 사람이 능력을 얻어서 마음이 깨어나게 하시고, 은총을 의지해서 허약한 자신을 깨닫게 하소서.

이렇게 순수하고 솔직하다 보니 「고백록」을 읽지 않을 수 없다. 우리는 사랑을 베푸시는 거룩한 하나님을 대면하면 비로소 자신을 있는 그대로 바라보게 된다. 그때 우리는 거만하고 그릇된 짓을 일삼고 미숙해서 우리 삶을 변화시키는 하나님이 절실하게 필요하다는 사실을 깨닫는다.

거만한 우리

일차적으로 「고백록」을 관통하는 범죄는 성적 갈망이나 행동이 아니다. 1권부터 9권까지 빠짐없이 고백하는 근본 문제는 인간의 교만이다. 교만은 어린 시절 우정을 타락시키고 학생으로서의 기대를 제한하고 어른의 가치관을 파고들고 신앙 서적의 종류까지 결정해서 성경을 공부하는 자세를 망쳐 놓았다. 삶의 거의 모든 차원이 교만으로 물든 사람에게 하나님은 어떻게 다가가실까? 성육신으로 놀라게 해서 그것을 가능하게 만든다. 「고백록」 서두에서 아우구스티누스는 신앙을 선물하신 하나님을 찬양한다. 자신을 존중하는 지적 수준에 도달하게 된 과정은 자비의 기적이었다. "하나님 아들의 인성과 주님의 설교자의 사역을 통해 나의 믿음을 불어넣으셨습니다."

달리 말하자면 암브로시우스가 그에게 예수님을 설득력 있게 전달한 것이다. 아우구스티누스는 십자가를 통한 그리스도의 구속 사역을 통해서만 용서가 가능하다는 것을 알고 있다. 이것은 그의 다른 작품에서도 자세히 설명한 주제이지만 「고백록」이 집중하는 그리스도의 인격과 사역의 측면은 주님의 매력적인 인성과 실질적으로 변화를 초래하는 겸손이다. 그리스도의 인격에 대한 그의 감사는 교리적이고 서정적이다. 그는 내향적인 교만을 어떻게 벗어났는지 소개하면서 크게 낙심한 독자에게 같은 구원을 추구하도록 격려한다.

> 하나님은 은밀한 자비로 참된 중보자를 인간에게 보여주셨습니다. 하나님은 그의 겸손을 통하여 겸손을 배우게 하셨습니다. … 그는 죽을 수밖에 없는 죄인들과 불멸하시고 의로우신 하나님 사이에 나타나셨습니다. …그가 희생제물이 되셨기 때문에 승리자가 되셨습니다. 그는 우리를 위하여 하나님 앞에서 제사장과 제물이 되셨습니다. 제물이 되셔서 제사장이 되셨습니다. 그는 하나님에게서 나셨으나 우리를 섬김으로써 우리를 종에서 자녀로 만들어주셨습니다. 그를 강하게 희망하는 데는 그럴만한 충분한 이유가 있습니다. 하나님께서는 "하나님 우편에 계신 자요 우리를 위하여 간구하시는 자"(롬 8:34)를 통해 우리의 모든 병을 고쳐주시기 때문입니다. 그렇지 않으면 나는 절망할 것입니다.

아우구스티누스는 회심의 순간 교만이 사라진다고 주장하리만큼 아주 현실적이다. 그는 요한일서 2장 16절의 세 가지 적을 종종 설교했다. 세 번째 '이생의 자랑'은 무엇보다 사악한 원수이다. 그는 이렇게 고백했다.

이 세 번째 유혹은 나를 떠나지 않았고, 일평생 떠나지 않았습니다. …그 유혹은 다른 사람이 나를 두려워하고 사랑해주기를 바람으로써 어떤 즐거움을 누리려는 욕구입니다.

인간의 교만은 오직 그리스도의 겸손과 희생으로만 극복할 수 있다. 거만하고 자기만족에 빠진 우리는 그를 멀리하고 우리의 보잘것없는 성취라는 초라한 누더기를 자랑스레 움켜쥔다. 하지만 그리스도는 우리를 위해 영광스러운 영원함을 포기한 채 사랑으로 우리를 뒤따르신다.

우리에게 친히 내려오시어 우리의 죽음을 담당하고 죽으시고 풍성한 자신의 생명으로 죽음을 죽이셨습니다. …그는 지체하지 않고 달리시면서 말씀과 행동, 죽음과 생명, 강생과 승천으로 우리를 크게 불러서 돌아오게 하셨습니다.

성육신은 회개하는 사람이 거룩한 하나님께로 돌아가는 것을 보여주는 모형이다. 우리는 지적 통찰력, 종교 지식이나 도덕적 우월감으로 하나님께 올라갈 수 있다는 생각을 철저히 포기하지 않으면 안 된다. 그런 식으로는 불가능하다. 누구나 자기만을 앞세우는 교만의 절정에서 내려와 겸손히 의지하고 무릎을 꿇어야 한다. 우리가 정직하기만 하면 그런 절정은 교만한 착각이다. 살면서 저지르는 죄는 우리를 비참하게 만들어서 자랑할 게 거의 존재하지 않는다. "올라갈 수 있도록 내려오라. …너는 하나님과 맞서 올라가다가 떨어졌다."

오직 그리스도만이 교만의 정점을 벗어나게 하신다. 아우구스티누스가 인정하기 오래전부터 그랬다. 철학적으로 정확하게 탐구해서 진리를 발견할 수 있다는 생각에 사로잡힌 채 그는 읽고 찾고 사색하고 토론했지만 "나는 여전히 겸손하지 못해서 나의 하나님이 되시는 겸손한 예수님을 붙들 수 없었습니다. 그분의 연약함이 무엇을 교훈하는지 알지 못했습니다."

이윽고 아우구스티누스는 깨달았다.

영원한 진리이신 하나님의 말씀 그리스도는… 자신에게 순종하는 이들을 자기에게 들어 올리십니다. …그들은 더 이상 자신을 신뢰하지 않고 약해지는 쪽을 택합니다. 그들은 우리 '인간의 피부'를 입고 연약해진 신성의 발치에서 바라봅니다. 그들이 지쳐서 이 거룩한 연약함 앞에 쓰러지면 들어서 일으키십니다.

반항하는 우리

스스로 낮추고 성육신하신 주님은 교만한 사람을 바로 잡을 뿐 아니라 반항하는 사람을 변화시키도록 보냄을 받으셨다. 죄는 지적인 교만 그 이상이고 우리 삶을 바라보는 하나님의 시선을 줄곧 외면하게 한다. 죄는 파괴적 전투이고 의도적으로 하나님 말씀을 회피

한다.「고백록」의 내용은 인간이 저지르는 죄의 이런 측면을 끝까지 호소력 있게 밀고 나간다. 죄는 하나님과 맞설 뿐 아니라 결국에는 불가피하게 타인과 등지게 만든다. 아우구스티누스는 유명한 배나무 사건을 통해 인간의 죄성을 확실하게 보여주는 소년 시절의 경험을 소개한다.

이번에는 낮이 아니라 어둠에 잠긴 정원을 다시 한번 찾아가보자. 이 정원에서 소년들은 과일을 훔쳤는데 허기 때문이 아니라 금지된 행동을 하고 싶었기 때문이다. 아우구스티누스는 집에 더 좋은 과일이 있었다고 솔직하게 털어놓는다. 그들은 파괴하려고 훔쳤을 뿐이었는데 그 행동으로 형언할 수 없는 즐거움을 느꼈다. 아우구스티누스는 경험을 회상하면서 모든 인간의 악의적 죄성을 폭로한다. 죄는 금지되었고 자기중심적이고 악의적이면서 공동적이다.

죄는 금지되었다. 죄는 하나님을 거역하는 의도적인 행위이다. "해서는 안 될 짓을 하면서 즐거워했습니다." 그는 이렇게 묻는다. "단지 해서는 안 된다는 것 때문에 불법을 저지르며 즐거워할 수 있었을까요?" 소년들은 도둑질이 나쁘다는 것을 알고 있었다. 그것은 바로 십계명을 전혀 몰라도 "죄악으로도 말살할 수 없는 인간의 마음에 새겨진 법", 곧 하나님의 법이었다. 상습적인 도둑이라고 해도 누군가 자신의 것을 훔치면 분노한다. 자기 행동은 합리화하면서도 소유를 잃는 것은 참지 못한다. "넉넉한 도둑이라고 해서 궁핍한 도둑을 용서하지는 않는 법입니다."

죄는 자기중심적이다. 소년들이 과일을 훔칠 때 자신에 대한 사랑 이외에는 존재하지 않았다.

이유 없이 악을 저질렀습니다. 오로지 악한 짓에 집중했습니다. 더러웠지만 나는 사랑했습니다. 망가지는 것을 사랑했습니다. 나는 나쁜 짓을 사랑했는데, 달리 목적이 있다기보다는 나쁜 짓 그 자체를 사랑했습니다. …부끄러운 행동으로 그 무엇을 얻기보다 부끄러움 그 자체를 좋았습니다. …그저 훔치겠다는 생각으로 딴 것을 내버렸습니다. …만일 배를 하나라도 입에 넣었다면 내가 저지른 죄 때문에 맛이 짜릿했을 것입니다.

죄는 악의적이다. 범죄자들은 다른 사람의 소유를 훔치는 데 전적으로 집중했다. 밤늦게 아우구스티누스와 친구들은 "배를 잔뜩 훔쳐다가… 돼지들에게 던져주었을 뿐이었다." 그들은 나무 주인을 조금도 고려하지 않았다. "놀이와 장난을 하다 보니 누군가에게 상처 주고 피해 입히려는 마음이 간절해졌습니다."

죄는 공동적이다. 홀로 파괴적인 행위를 한 게 아니라 친구들과 함께하니 그런 일에 더 쉽게 이끌렸다. 그날 밤 자신의 즐거움 외에는 달리 생각하지 않았으나 들떠서 과일을 따는 순간 갑자기 어떤 생각이 날아들었다. "당시 나의 기억에 따르면 혼자서는 절대 도둑질을 하지 않았을 것입니다. …그저 장난이었을 뿐이었습니다. …우정은 위험한 적이 될 수 있습니다."

여기서 교만이 또다시 모습을 드러낸다. "'모두 가서 그렇게 하자'라는 말이 떨어지기 무섭게 부끄러워하는 것을 부끄럽게 여겼습니다."

내용은 부끄러운 것이었으나 의도적으로 잘못을 부각하면서 심오한 신학적 용어로 이야기를 풀어나간다. 나무, 열매, 타락이라는 낱말은 강력한 영적 의미를 담고 있다. 창세기 3장 이야기와 아우구스티누스의 의도는 밀접한 관계가 있다. 올리버 홈즈(Oliver Wendell Holmes)처럼 그 이야기를 비판("십 대 시절 배나무를 털어 산더미를 만드는 사내를 바라보기는 정말 어려운 일")하는 사람들은 아우구스티누스가 어린 시절의 잘못을 소재로 삼아서 인간이 처한 비참한 죄성을 소개하는 것을 제대로 이해하려고 하지 않았다. '열매'라는 이미지는 특히 도드라져서 로마서에 기록된 사도 바울의 신랄한 발언을 떠올리게 만든다. "너희가 그때에 무슨 열매를 얻었느냐. 이제는 너희가 그 일을 부끄러워하나니 이는 그 마지막이 사망임이라"(롬 6:21).

쓸데없는 과일은 돼지의 몫이 되었다. 그 이상도 그 이하도 아니었다. 밤의 무모한 장난은 끝났어도 그에 따른 영향은 마무리되지 않았다. 배나무와 주인뿐 아니라 도둑 역시 피해를 보았다. 결과는 훔친 배처럼 내버릴 수 없었기 때문이다. "가련한 내가 아직까지 기억하면서 부끄럽게 생각하는 것들 특히 그 도둑질로부터 얻은 결과는 무엇이겠습니까?(롬 6:21). 내가 도둑질할 때 그 도둑질 자체를 사랑한 게 아니었습니까?"

아우구스티누스는 죄는 물론 자비까지 가감 없이 노출한다. 반항하는 사람마저 바뀔 수 있다. 만족을 못 느끼는 게 변화의 결정적인 요인이 된다. 그리고 지속적인 공허감은 하나님의 선물이다. 계속해서 반항해도 주어지는 즐거움은 일시적이고 더 괜찮은 상태를 동경하지만 점점 더 처지가 어려워진다는 것을 누구나 깨닫기 때문이다.

미숙한 우리

누구든지 교만하고 그릇된 행동을 하지만 그래도 영적으로는 하나님 형상대로 유일하게 창조되었다. 모든 사람의 삶에는 하나님이 만든 비어 있는 공간이 존재한다. 아우구스티누스가 시작하면서 했던 가장 깊은 영적 욕구, 즉 하나님에 관한 유명한 발언은 감동적이다. "우리를 하나님을 향해서 살도록 만드셨으니 우리 마음은 하나님 안에서 쉴 때까지 편안하지 않습니다." 그분만이 텅 빈 공백을 진리와 끝없는 만족으로 채울 수 있다. 헨리 채드윅(Henry Chadwick)의 발언처럼 "아우구스티누스의 문장은 그 작품의 핵심이 되는 주제를 전달한다."[2]

책 앞머리부터 편하지 않은 상태를 인정할 뿐만 아니라 휴식을 갈망하고 있다는 것을 숨기지 않는다. "누가 나에게 주님 안에서 쉬게 할 수 있을까요? 누가 주님이 내 마음을 찾아와 취하게 만들어 나의 죄악을 잊고 나의 유일한 선이 되시는 주님을 맞이할 수 있게 할 수 있을까요?"

아우구스티누스는 다른 값진 것들에 덜 이끌릴 때 하나님 안에서 진정한 안식을 발견하게 된다는 것을 깨달았다. 하나님만이 그것들의 매력을 낮추고 영향력을 감소시키고 덧없음을 드러낼 수 있다. 창세기의 타락 이야기는 「고백록」에 등장하는 구약성경 본문 가운데 가장 영향력이 있고, 아우구스티누스는 모든 사람이 잃고 얻는 것에 대한 신약성경의 묘사를 탕자에게서 찾는다. 그는 첫 장을 마무리하면서 누가의 비유로 넌지시 털어놓다가 자신이 어떻게 "헛된 것에 휩쓸리고 하나님, 나의 하나님을 떠났는지" 떠올린다. 이야기가 진행되면서 반항아는 가출자로 바뀌지만 먼 나라에 대한 매력의 실체를 확인하기 전까지는 집을 조금도 그리워하지 않을 것이다. 아우구스티누스는 관대한 아버지와 거리를 두었던 과수원 도둑질 이야기를 이렇게 마무리한다. "어린 시절에 나의 하나님, 주님과 무관한 길을 갔습니다. …나는 자신을 황폐한 땅으로 만들었습니다."

'가증한 사랑의 도가니'였던 카르타고의 학창 시절, 아우구스티누스는 사랑하고 사랑받기를 갈망했다. 하지만 그것은 인간관계로는 감당할 수 없는 굶주림이었다. 내부에 있는 그 무엇이 언제나 더 많은 것을 갈망했다. "나의 하나님, 나의 굶주림은 내적이었고 마음의 양식인 하나님을 용납하지 않았기 때문입니다." 육체적 욕구가 영적 필요를 가렸는데, 하나님만이 내적 갈망을 채울 수 있음을 고백하기 전까지 한동안 그랬다. 탕자는 주머니에 여전히 돈이 있어서 모두 떨어질 때까지 더 큰 만족을 줄곧 추구할 것이다.

> 나는 썩지 않는 양식을 갈망하지 않았습니다. …내 속이 비어 있으면 있을수록 그런 음식이 당기지 않았습니다. 그래서 내 영혼은 건강하지 않았습니다. 종기투성이가 되고 곪아 터졌습니다. …하지만 물질적인 것은 영혼을 갖고 있지 못합니다. …자비하신 나의 하나님, 주님은 선하심으로 단맛과 함께 상당한 쓴맛을 맛보게 하셨습니다.

하나님은 멀리 계시지 않고 적당한 거리에서 탕자의 귀환을 기다리신다. 그는 먼 나라에서 하나님을 찾고 있다. "보라. 그분이 어디에 계시는가. 진리를 맛보는 곳이라면 어디든지 계신다. 그분은 마음에 아주 가까이 계시는데 마음은 그분을 멀리했다. …그분 안에서 쉬면 마음이 흔들리지 않을 것이다."

아우구스티누스는 만족과 안식을 찾는 과정을 책 앞부분에서 유려하게 소개한다. 그는 철학과 종교의 발자취를 되짚는다. 철학은 자신이 갈급한 것에 불완전한 해답을 제공한다. 마니교로 대표되는 종교는 질문에 그릇된 답변을 건넨다.

철학적 시도는 아주 먼 곳으로 이끌었지만 완벽한 답을 제시하지 못한다. 하나님을 추구하는 과정에서 철학은 안내판과 비슷하다. 올바른 방향을 지시해도 목적지에 도달하게 할 수 없다. 그에게는 학창 시절에 읽은 '철학 공부'를 권유한 키케로의 「호르텐시우스」(Hortensius)가 첫 길잡이가 되었다. 그 책은 어린 구도자에게 진리를 추구하고, 그것을 인생의 확고한 목표로 삼도록 지시했다. '먼 나라'에서 하나님은 우리가 부족함을 느끼도록 다양한 것을 활용하시기 때문에 우리는 그것들의 중요성을 과소평가할 수 없다.

아우구스티누스는 책을 접했던 시절을 감사했다. "그 책은 내 생각을 바꾸어 놓았습니다. 나의 기도를 고쳐서 나의 주님이신 하나님에게 향하게 했습니다. 가치와 우선순위를 변화시켰습니다. …나는 주님에게 돌아가려고 일어섰습니다." 마지막 문장은 탕자의 결단과 다르지 않다.

키케로의 책은 탁월한 메시지를 전달했으나 아우구스티누스를 제대로 사로잡지 못했다. 처음에는 성경에서 진리를 찾으려는 반응을 끌어냈다. 그런데 우리가 확인했듯이 그는 자신이 읽은 내용을 좋아하지 않았다. 그렇다면 다음 행보는 어디였을까?

아우구스티누스는 3세기의 종교 지도자 마니(Mani)의 이름을 딴 이상한 종파에 빠져들었다. 마니는 기독교 가운데 받아들일 만한 것들과 창조에 관한 사변적 사상, 물질의 악한 본성, 별들의 영향이나 오늘날 비현실적인 뉴에이지 운동이 다시 포착한 개념(우리 안에 하나님의 작은 개체들이 존재한다는 둥)을 섞어 가르쳤다. 아우구스티누스는 가장 높은 '선택된 자'와 달리 가장 낮은 '듣는 자'(마니교의 후보군)였으나 독선적인 종교 교리를 가진 마니교는 아우구스티누스의 겸손을 파괴했다.

마니교 신자들은 진리 추구를 표방하면서도 아우구스티누스가 회피한 성경에 상당히 비판적이었다. 덕분에 그들의 교리는 그에게 한층 설득력이 있었다. 마니는 권위 있게 주장하면서 성령의 화신을 자처했다. 아우구스티누스는 성령으로 영감 된 책을 부정하고 한층 구미가 당기는 대체재를 선호했다. 하지만 마니의 길은 공허감을 감당해 내지 못할 정도가 될 때까지 그를 9년 더 '먼 나라'로 데려갔다. 마니교 신자들 사이에서는 안식을 찾을 수 없었다. 성경의 진가를 깨닫고 하나님에 이르는 유일한 길인 그리스도를 알게 된 것은 암브로시우스의 설교 덕분이었다.

영적 진리를 추구하다가 그릇된 길을 가는 실수는 고대 세계에서만 발생하지 않는다. 안타깝게도 우리 시대의 순수한 구도자들도 속아 넘어갈 수 있다. 서구 사회에서는 해마다 신흥 종교와 비정상적인 종파들이 확산한다. 성경을 무시하면서 예수님의 신성과 동정녀 탄생, 대속적 죽음의 필요성 같은 교훈을 저버리고 내키는 대로 생각하도록 추종자들을 조장하기만 하면 상당수 현대인이 아주 매력적으로 받아들인다.

아우구스티누스에게 좌절을 안긴 경험은 오늘날 진리를 추구하는 이들에게 교훈이 된다. 뉴에이지 같은 일부 종교들은 마니교와 놀라우리만큼 비슷하다. 마니교는 성령으로부터 유일하게 영감을 받았다고 주장했다. 주요 개념은 서로 다른 온갖 종교들로부터 끌어오다 보니 혼합주의의 특징이 두드러졌다. 교리는 근동 지역 분위기가 확연했다. 영성의 형식은 이중적이어서 특권을 누리는 수행자를 누구보다 높게 받들었다. 별들의 움직임을 읽고서 삶의 의미를 풀어냈다. 우리 내부에는 하나님의 조각들이 있는데 종교 수행을 제대로 하면 그것들이 억압에서 풀려난다고 주장했다. 본격적으로 종파들을 연구해 보면 최근 서구 문화에 속한 다양한 신흥 종교가 이런 특징을 반복한다는 것을 알 수 있다. 뉴에이지 운동은 그것들을 대부분 채택했다. 아우구스티누스가 속한 종교 세계와 우리의 그것 간의 차이는 4, 5세기 북아프리카에서 쉽게 접하던 것보다 더 많은 종교가 제공되고 있다는 것 정도이다.

아우구스티누스는 마니교가 파산한 신앙이라는 것을 점차 깨우쳤으나, 하나님은 그가 실제 모습이 공허하고 진리와 무관하고 영적 만족을 안겨줄 수 없음을 실감하도록 거짓된 길을 계속 가게 하셨다. 마니의 메시지는 안식을 좇지 않았다. 사이언톨로지, 뉴에이지, 엑칸카, 초월명상, 신성한 빛의 임무, 통일교 같은 현대판 일탈 역시 마찬가지다. 아우구스티누스는 자신의 그릇된 신앙의 추구를 꿈에서 맛있는 음식을 마주한 배고픈 사내를 빗대어 설명했다. 실제 음식처럼 보였지만 고통만 안길 뿐 결코 만족을 줄 수 없었다.

그들이 내 앞에 차려놓은 접시에는 기막힌 환영이 담겨 있었습니다. …그런데도 나는 그것들을 주님으로 여기고 먹었습니다. …주님은 허망한 환상이 아니었고, 그래서 나는 그것들로부터 조금도 양분을 구하지 못하는 바람에 외려 전보다 더 쇠약해졌습니다.

그런데 하나님은 무익한 시도를 할 때도 함께하셨다. 책이 끝나 갈 무렵 아우구스티누스는 고백한다. "주님은 나를 지으셨습니다. 내가 주님을 잊었을 때 나를 잊지 않으셨습니다. …내가 주님을 부르기 전에 주님은 바로 내 앞에 계셨습니다." 안식을 찾으려면 먼저 영적 굶주림을 인정해야 한다. 이어서 자신의 필요를 채우지 못하는 것들을 한층 비판적으로 살펴보아야 하고, 그러면 비로소 하나님만이 인간을 만족하게 하는 음식이라는 사실을 깨닫는다.

꿈에 본 비현실적인 음식을 설명하다가 아우구스티누스는 아무리 잠이 좋아도 환상이 굶주림을 해결하지 못한다는 것을 실감하면서 매일 잠에서 깼다고 털어놓았다. 그는 「독백록」(Soliloquies)에서 이렇게 말했다. "이것들과 달리 내가 속으로 현실을 무가치하다고 간주하지 않는 이상 나는 이 세상의 것들을 최악의 수준이라고 경멸하지 않습니다."[3] 그는 꿈의 세계에 속하지 않은 탁월한 음식을 맛보는 순간 비로소 환상과 결별할 수 있었다.

하나님은 아우구스티누스에게 어떤 노력을 해도 무익하다는 것을 일깨우려고 여러 방법을 활용하셨다. 좌절로 이어진 시도는 온갖 고통스러운 측면들—반항, 절망, 착잡함, 질병, 사별, 박탈—을 지니고 있었으나, 그 덕분에 포기를 모르는 하나님께 더 가까이 갈 수 있었으니 모두 값진 일이었다.

> 주님은 내적 자극으로 나를 일으키어 내 영혼의 눈이 주님을 확실히 볼 때까지 편안함을 얻지 못하게 하셨습니다. …슬픔의 안약으로 병들어 어두워진 나의 영혼의 눈은… 다시 건강해졌습니다.

인생에서 가장 좋은 게 만족을 안겨줄 수 없다고 하면 가장 나쁜 것은 거론할 나위도 없다.

> 이렇게 보잘것없는 것들이 즐거움을 안겨주어도 그 모두를 만드신 하나님과 비길 수 없습니다. 의로운 사람은 그분 안에서 즐거움을 누립니다. 그분은 마음이 진실한 이들에게 기쁨이 되시기 때문입니다.

우리가 물질을 열망해도 하나님만이 "다함이 없이 상하지 않는 기쁨의 보화"이다. 우리의 탐욕은 많은 것을 요구하지만 그분은 모든 것을 소유하고 전부 내어주신다. 하나님은 우리와 달리 없는 게 없다. 그러니 그분을 의지해서 돌아서면 약속된 안식을 확실히 발견하게 된다.

하나님이 찾아오시는 것은 그럴만한 자격이 있어서가 아니라 우리에게 그분이 필요하기 때문이다. 아우구스티누스는 시편을 주석하면서 그것을 완벽하게 소개했다.

> 그것은 우리 공로가 아니라 하나님의 값없는 은총 덕분이다. 우리 죄인들에게 무슨 선한 게 있을까? …그런데도 자비로운 분은 사랑하셨다. 신랑이 사랑한 것은 신부가 아름답기 때문이 아니라 아름답게 만들 수 있기 때문이다.[4]

다른 사람의 삶을 통한 도움을 받아들이기

아우구스티누스 작품에서 우리는 진지한 구도자의 영적 탐구의 '내적 공간'을 통과하는 여정을 함께하는 특권을 누린다. 그렇지만 얼마 지나지 않아 우리가 마주한 사내는 홀로 떠도는 개인주의자가 아니라는 것을 실감한다. 그의 경험은 개인적이지만 독립적이지 않다. 그는 하나님의 한없는 선함을 기꺼이 인정하면서 다른 사람의 삶을 통해 종종 은총이 전달된다는 사실을 우리에게 소개하려고 한다. 「고백록」은 북아프리카와 이탈리아에서 이 탁월한 사상가에게 생생한 인격적 신앙을 전달하려고 일부 사람들이 어떻게 동원되었는지 반추하면서 연대순으로 기록한다. 이야기에서 맡은 그들의 역할을 살피는 것은 동료 신자들과 무관하게 기독교의 영성을 실천하지 못한다는 사실을 기억하는 것이다. 성숙한 그리스도인의 일화에는 예외 없이 다른 사람들이 역할을 담당한다. 아우구스티누스의 친구들을 돌아보면 거룩함을 추구하는 이들을 격려하는 방법을 익힐수 있다.

아우구스티누스는 동료들을 거침없이 평가했다. 그리스도인의 우정은 천국에서 가능하다고 생각했으나 어떤 관계는 경험상 지옥에서 만들어졌다.[5] 소년 시절에는 어른들과의 접촉이 늘 즐겁지 않았다. 나중에 함께 어울렸던 소년 패거리가 좋지 않은 영향을 미친게 분명했다. "나는… 혼자서는 도저히 그런 행동을 하지 못했을 겁니다." 카르타고에 가서 공부할 때는 환경이 달랐지만 행실은 더 나빠졌다. 폭력에 골몰하는 사나운 한 무리의 학생들('파괴자들') 역시 어떻게든 신체적 고통을 가하면서 즐거워했다. 주로 신입생이 제물이 되었다. 아우구스티누스는 폭력 행동에 끼어들지 않았어도 "그들 사이에 들어가 지내면서 그들과 같지 않음을 오히려" 부끄러워할정도로 압도되었다.

아우구스티누스는 학생에서 교사로 신분이 바뀌었을 때도 해를 끼칠 수 있는 무리에 대한 증거가 많았다. 친구 알리피우스는 로마에 도착하자마자 나쁜 친구들 덕분에 사납고 잔인한 오락거리가 주는 즐거움에 걸려들었다. 그는 처음에는 그런 광경을 혐오했으나,

…돌아오는 길에 몇몇 친구들과 학우들을 우연히 만나게 되었습니다. 그들은 강력하게 반대하고 저항하는 그를 친절한 폭력을 써서 억지로 죽음을 놓고 다투는 잔인한 경기가 벌어지는 원형 극장으로 이끌고 갔습니다.

아우구스티누스는 영적 목적을 염두에 둔 채 이야기를 풀어나간다. 선한 그리스도인이 경건하지 않은 개인이나 집단의 악영향으로 심각한 어려움에 빠질 때가 많다. 히포에서의 목회 경험 덕분에 아우구스티누스는 무방비 상태에서 그릇된 결정을 내리면 예민한 사람들의 삶은 쑥대밭이 될 수 있다고 생각했다.

그런데 아우구스티누스는 나쁜 관계의 위험을 장황하게 거론하지 않았다. 그는 선한 이들에게 받은 도움을 소개하는 쪽에 시간을 더 많이 할애했다. 이제부터 우리는 그것들 가운데 일부를 살펴보려고 한다. 그는 자신이 개인적으로 신앙을 가질 수 있도록 하나님이 어떻게 많은 사람과 서로 다른 경험을 활용하셨는지 감사의 뜻을 담아 증언한다.

어머니의 기도

모니카는 「고백록」에서 중요한 역할을 담당한다. 아우구스티누스는 헌신적인 어머니에게 신세를 졌지만 그렇다고 줄곧 칭찬을 늘어놓지는 않는다. 그는 어머니의 헌신은 물론 단점까지 알고 있었고 독자를 도우려고 줄곧 그녀의 약점을 드러낸다.

모니카의 영적이고 도덕적인 성장을 기록하면서 아우구스티누스는 그녀가 어릴 적에 '서서히 포도주를 좋아하는 버릇을 갖게' 되었다고 소개한다. 처음에는 전혀 좋아하지 않았으나 매일 조금씩 맛보다가 잔을 '가득 채워 마시기를 좋아하는' 습관에 빠졌다. 또다시 다른 사람들의 영향을 강조하면서 사나운 노예 소녀 덕분에 단박에 술을 끊은 과정을 설명한다. 노예 소녀는 말싸움하다가 "술주정뱅이라고 말하면서 욕을 퍼부었습니다. 조롱은 상처가 되었습니다. 어머니는 자신이 나쁜 중독에 빠졌다는 것을 돌아보고 그 버릇을 바로 정죄하고 멈추었습니다." 아우구스티누스가 그 이야기를 소개한 것은 "아첨하는 친구들이 우리를 그르치듯이 때로는 사나운 원수들이 우리 잘못을 고쳐주는 것"을 거론하기 위함이었다. 천지를 다스리는 하나님은 모니카가 어린 시절에 개입하셨다. "그러나 주님, 주님은… 주님 뜻대로 격류의 방향을 바꾸십니다. …주님은 누군가의 분노로 다른 사람을 치료하십니다."

모니카는 파트리쿠스와의 결혼생활이 순탄하지 않았다. 실제로 아주 거칠게 대할 때도 있었으나 그녀는 대처법을 알고 있었다. 남편에게 학대받는 이웃 여성들이 '얻어맞아 흉한 얼굴을 한 채' 찾아와서 그녀에게 사연을 털어놓고 고약한 남편과 함께 사는 법에 관해서 조언을 구할 정도로 무척 성공적이었다.

파트리쿠스는 늙어서도 그리스도인이 되지 않았다. 모니카는 가정에서 모범을 보이면서 남편과 아들의 회심을 위해 기도했다. 모니카가 들려준 이런 일화는 아우구스티누스에게 강한 인상을 남겨서 목회할 때 자녀들이 미처 신앙을 갖지 않은 부모들을 격려하는 데 그 이야기를 활용했다.

모니카는 아들이 카르타고로 떠났을 때 걱정해야 할 이유가 충분했다. 오래전에 그는 성적 경험을 자랑했다. 일부는 말뿐이었고 대개는 친구들에게 잘 보이려고 한 것이었다. 가정의 속박을 벗어나면 무엇이든 가능했다. 당시 모니카는 남편이 세상을 떠나서 외로움은 물론 도덕적으로 아들에게 상당한 책임감을 느꼈다. 아우구스티누스가 내연녀까지 데려가서 동거하다가 결국에는 아이를 낳고 마니교의 교리에 심취하자 걱정은 더 심해졌다. 도덕적 일탈에 종교적 이단이 추가된 것이었다. 마음이 크게 동요한 그녀는 어느 날 밤 꿈을 꾸고서 위로받자 말썽 많은 아들에게 꿈의 내용을 있는 그대로 알렸다.

꿈에서 "슬픔과 괴로움에 휩싸여 있을 때 잘생긴 젊은이가 즐거운 얼굴로 웃으면서 다가왔다." 젊은이가 어째서 슬퍼하는지 묻자 모니카는 못난 아들 때문이라고 답했다. 그는 이렇게 장담했다. "네가 있는 곳에 아우구스티누스 역시 함께 있을 것이다." 그런데 가만히 보니 아들이 자기 옆에 서 있었다. 그 꿈을 아우구스티누스와 연관 짓자 아우구스티누스는 어머니 역시 마니교도가 될 게 분명하다고 쏘아붙였다. 모니카는 곧장 되받았다. "그게 아니다. 그 젊은이는 네 아들이 있는 곳에 너도 있을 것이라고 말하지 않고, 너 있는 곳에 네 아들도 있을 것이라고 말했다." 아우구스티누스는 꿈의 내용보다 어머니가 곧바로 이어서 대답한 것에 상당한 감동하였다. 9년간 그는 마니교를 고집했으나 모니카는 그의 회심을 놓고 기도했다. 꿈 덕분에 그녀는 '희망을 품고 즐거워하면서 기도'를 멈추지 않았다.

다른 중보자들이 그렇듯이 모니카는 기도의 응답을 기다리지 못하고서 그릇된 믿음이 무익하다는 사실을 아들에게 일깨워달라고 어느 주교에게 간청하기도 했다. 그 사내 역시 젊은 시절에는 마니교도였고 그것에 관한 책에 정통해서 안성맞춤이라고 생각했다. 그녀의 슬픔은 컸으나 주교는 단호했다. 주교는 아우구스티누스와 대화하려고 들지 않았다. 모니카는 충격을 받았으면서도 고집을 거두지 않았다. 포기하지 않고 간청하자 불쾌해진 주교는 그녀와 아우구스티누스의 삶을 관통하는 것을 거론했다. "돌아가시오. 당신이 살아 있는 한 이 눈물의 자식은 망할 수 없습니다." 아우구스티누스는 나중에 대화하면서 "가끔 어머니는 주교의 발언을 하늘에서 들려온 소리처럼 받아들였다"라고 회상했다.

믿음을 가진 중보자의 경험은 아우구스티누스가 아들을 데리고 내연녀와 함께 이탈리아로 떠나기로 결심하면서 중대한 시험에 직면했다. 모니카는 그의 삶에 직접 영적 영향을 미치지 못하는 게 괴로워서 하나님께 로마로 가지 못하게 해달라고 호소했다. 결과에는 아주 중요한 영적 원리가 담겨 있다. 그러니까 "우리 기도는 언제나 우리가 기대하는 대로 응답되지는 않는다." 하나님은 그녀의 다급한 기도에 응답하시지 않았다. 더 좋은 결과로 응답하려 하셨기 때문이다.

이야기는 기억한 그대로였고 발언은 문학적으로 무척 아름다웠다. 아우구스티누스는 모니카가 슬퍼하면서 해변까지 따라와서 어떻게 막으려 했는지 소개한다. 그는 거짓말로 다음 날까지 떠나지 않는다고 믿게 하고는 그날 밤 어머니를 따돌렸다. 그녀가 자식이 떠나지 못하게 해달라고 간청하고 있을 때 항해에 나선 배는 해안에서 한층 멀어졌다.

> 나의 하나님, 어머니가 그렇게 끝없이 눈물 흘리며 주님께 기도한 것은 내가 떠나지 못하게 하는 게 아니었습니까? 그런데 주님은 오묘하시어 어머니가 진정으로 바라는 게 무엇인지 아시고는 줄곧 하는 기도를 이루시려고 당시 그분의 간구를 허락하시지 않았습니다.

지나간 세월을 돌아보다가 자신이 어머니에게 얼마나 슬픔을 안겨주었는지 깨달은 아우구스티누스는 그 장면을 아주 감동적으로, 그러면서 문학적으로도 탁월하게 묘사한다.

> 바람이 불어서 돛이 부풀어 오르자 해안이 시야에서 사라졌습니

다. 아침에 어머니는 슬퍼서 넋을 놓고 말았습니다. …하지만 주
님은 그분의 부르짖음을 외면하셨습니다. …주님에게는 내가 떠
난 것을 어머니의 즐거움으로 바꾸어 놓을 방책이 있었으니 말
입니다.

그녀의 아들은 눈물에 둔감했을 뿐 아니라 솔직하지도 않았다.
엄청난 슬픔 속에서도 모니카는 그를 위해 줄곧 기도했다.

그러나 어머니는 나의 거짓과 잔인함을 탓하고 나서는 또다시
나를 위해 간구하고서 집으로 돌아갔습니다. 그사이에 나는 로
마에 당도했습니다.

나중에 이탈리아에서 아우구스티누스와 합류한 모니카는 아들
이 회심하고 손자와 함께 세례받는 것을 지켜보면서 무척 기뻐했다.
막역한 친구이면서 뒤에 동료 주교가 된 알리피우스 역시 같이 세례
를 받았다. 그녀의 일화는 회심하지 않은 자녀를 위해서 부모가 기
도할 때 하늘에 닿는다는 것, 그리고 하나님의 응답 방식은 한 가지
가 전부가 아니라는 것을 모범적으로 보여준다.

모니카의 일화는 행복하게 마무리된다. 그녀는 아우구스티누스
와 함께 북아프리카로 돌아갈 생각이었다. 그들은 오스티아(Ostia)
에서 휴식을 취하면서 고향으로 돌아갈 여정을 준비했다. 둘은 그곳

에서 환상을 통해 하늘나라를 잠시 목격했다. 한 주 뒤에 모니카는 세상을 떠났다. "어머니가 마지막 숨을 거두었을 때 소년이었던 아데오다투스가 슬퍼하며 울기 시작했습니다." 하지만 이후의 상황은 다음과 같았다.

아이의 울음을 멎게 하고서 에보디우스(Evodius)가 시편을 집어 들고서 한 부분을 찬송하기 시작했습니다. 집안사람들 모두 동참했습니다. "내가 인자와 정의를 노래하겠나이다. 여호와여 내가 주께 찬양하리이다."

그들은 위대한 기도가 부단히 응답된 조금도 흔들림 없었던 믿음의 여인이 그리스도와 함께 지내고 있음을 기뻐했다.

친구의 죽음

모니카의 죽음과 그에 따른 아우구스티누스의 반응은 계속 영향을 받은 또 다른 죽음과 극명한 대조를 이룬다. 덕분에 고통스러운 마음의 구석까지 도달하는 하나님 말씀은 사별의 슬픔에 효과적이라는 사실을 깨닫게 되었다. 이야기는 타가스테 시절 이름을 알 수 없는 아우구스티누스의 가장 막역한 친구와 관계가 있다. 둘은 어려서부터 알고 지냈고 학교를 같이 다니면서 어울려 놀았지만 20대 초반에 관계가 한층 깊어졌다. 마니교의 새로움에 정신이 팔렸던 아우구스티누스는 친구가 기독교 신앙을 점차 멀리하게 했다. 젊은이는 갑자기 중병에 걸렸고 의식을 가누지 못하던 그에게 부모가 세례를 받게 했다. 마니교는 세례를 쓸모없는 의식이라고 비난했으나 아우구스티누스는 벌어진 일에 개의치 않았다. 친구가 회복하면 여전히 마니교를 추종할 것이라고 확신했다. 줄곧 병상을 지켰지만 병세가 호전된 친구가 개인적으로 그리스도에 대한 신앙을 거침없이 고백하는 것을 듣고 아우구스티누스는 소스라치게 놀랐다. 병실은 종교를 논하는 곳이 아니었으나 아우구스티누스는 친구가 그리스도인으로 헌신할 수 없음을 분명히 해두고 싶었다.

> 그때 알지도 못하고 느끼지도 못한 상태에서 받은 그 세례에 대한 나의 농담을 그도 농담으로 받아넘길 것이라고 여겼습니다. …그는 깜짝 놀라면서 마치 원수처럼 나를 바라보며 아주 솔직하게 충고했습니다. 친구로 남으려면 그런 소리를 하지 말라는 것이었습니다. …며칠 뒤 그는 열병이 재발해서 내가 없는 동안 세상을 떴습니다.

충격과 슬픔에 빠진 아우구스티누스는 멍한 상태로 주변을 떠돌아다녔다. 그는 과거의 경험을 생생하게, 그러면서도 고통스럽게 떠올렸다. 엄청난 상실의 괴로움을 겪지 않은 사람들은 제대로 이해할 수 없었다.

사방을 둘러보아도 보이는 것은 죽음뿐이었습니다. 고향은 줄곧 고통을 안겨주었고… 그와 함께했던 모든 게 그가 없으니 내게 는 끝없는 고문이었습니다. 사방을 둘러보아도 그를 찾을 수 없 었습니다. …나는 자신에게 커다란 문젯거리였습니다. …눈물이 친구를 대신했습니다.

하나님은 고통을 빌어서 말씀하셨다. 어쩌면 아우구스티누스는 처음으로 죽음을 두렵게 여겼던 것 같다. 강력한 상실감이라는 슬픔 의 전달자가 영원한 운명을 골똘히 생각하도록 만들었다.

나는 산다는 게 신물이 나면서도 죽는 게 두려운 감정에 크게 짓 눌렸습니다. …누군가는 친구를 '영혼의 반쪽'이라고 말했는데 옳은 말입니다. …그래서 나는 소름이 끼쳤습니다. …하지만 눈 물이 마르면 나의 영혼은 무거운 불행이라는 짐에 깔려서 허우 적거렸습니다.

아우구스티누스가 따르는 마니교 신앙은 전혀 도움이 되지 않았 다. 나중에 그는 그때, 그곳에서 하나님께 부르짖어야 마땅했다고 생각했다. "주님, 내 짐을 주님에게 맡기고 해결하는 게 옳았습니다. 그것을 알고 있었지만 그럴 마음이나 그렇게 할 힘이 남아 있지 않 았습니다."

고통에서 빠져나오지 못하던 아우구스티누스는 "세상을 떠난 이들의 사라진 삶이 살아 있는 이들의 죽음이 될 수 있다"라고 생각했다. 친구의 죽음은 말로 다 할 수 없는 고통을 안겨주었으나 그의 영적 방황에서 중요한 계기가 되었다. 상실 속에서도 얻는 게 있었다. 죽음은 그에게 소중한 우정의 놀라운 보물이 되었다. 그렇게 해서 친구의 명쾌한 확신에 직면한 그는 어려움을 겪으면서 그리스도에 대한 분명한 믿음과 하나님 안에서의 평안에 도달했다. 지금껏 인생에서 가장 큰 슬픔을 겪었던 그는 무익한 종교에서 희망을 찾을 수 없음을 깨달았다. 그 덕분에 죽음에 관해서 진지하게 생각하게 되었다. 인생의 덧없음을 알리는 경고였다.

슬픔이 그토록 쉽게, 깊숙이 파고든 까닭은 죽을 수밖에 없는 사람을 사랑해서 내 영혼을 모래에 쏟아부었기 때문이었습니다.

하지만 방황하는 구도자가 이 세상이 전부가 아니라는 사실을 깨달았다고 해서 모든 것을 잃는 것은 아니었다.

교사의 잘못

「고백록」에 관한 아주 인상적인 특징 중 하나는 아우구스티누스의 일화가 위대한 신학적 진리를 소개하는 도구라는 것이다. 친구의 죽음을 이례적으로 길게 설명해서 사별에 관한 목회자로서의 성찰을 부분적으로 소개하면서도 어떤 교리상의 확실성을 전달한다. 그러니까 하나님은 위대한 진리를 전달할 목적으로 값비싼 인생 경험을 활용하신다는 것이다. 아우구스티누스가 접한 몇 번의 기회는 역경을 겪도록 하나님이 용납하시면 우리는 그분이 무슨 일을 하는지 일체 알 수 없다는 것을 상기시킨다. 이 '알 수 없음'이라는 주제가 이후로 계속되는 이야기의 핵심을 형성한다. 아우구스티누스는 막역한 친구를 빼앗긴 이유를 도무지 알 수 없었다. 모니카도 하나님이 자기 기도를 외면하시는 이유를 알지 못해 눈물지었다.

사별 때문에 아우구스티누스가 타가스테를 떠나 카르타고에 갔을 때 실망스러운 일이 또 한 차례 있었으나 하나님은 일절 모습을 드러내지 않고 조용히 일하셨다. 당시까지 아우구스티누스는 몇 년간 마니교의 '듣는 자'로 지냈는데 읽고 생각하는 과정에서 일부 간단하지 않은 문제들이 머리를 떠나지 않았다. 그는 마니교의 가르침 가운데 몇 가지가 삶과 진리에 관한 다른 주장들과 어울리지 않는다는 것을 깨달았다. 몇 해 동안은 탁월한 마니교 학자와 교분을 다지려는 마음이 커서 그 문제들을 제쳐둘 수 있었다.

그러다 갑자기 지도자 중 하나인 파우스투스(Faustus)가 카르타고에 온다는 소식을 듣자 무척 기뻤다. 문제를 해결할 사람은 그 이외에는 달리 없었다. 이 마니교 감독자는 누구보다 뛰어난 사상가이면서 설교자였다. 여러 해 동안 성경의 권위를 강력하게 반박하는 글을 집필했다. 수준 낮은 동물 희생 같은 의식이나 도덕적으로 의

문스러운 사람들의 일화를 강조하는 구약성경의 메시지를 그리스도 인들은 도대체 어떻게 존중하는 것일까? 신약성경은 일부만이 그럴 듯할 뿐, 오로지 진실을 알려줄 수 있는 성령이 모든 것을 마니와 후계자들에게 계시했다. 아우구스티누스는 파우스투스와의 대화를 간절하게 고대했다. 젊은 그는 당연히 그의 '부드러운 능변'에 홀렸지만 대부분 '감언이설'에 걸려들었다는 것도 알고 있었다.

파우스투스가 카르타고에 도착했을 때(대략 382년경) 아우구스티누스는 20대 후반이었고, 현란한 말 이상의 무엇을 기대했다. 그는 진리를 추구했고 "대화를 진행하는 형식보다는 마니교도 가운데 큰 존경을 받는 파우스투스가 먹으라고 앞에 가져다 놓은 지식에 관심이" 있었다.

아우구스티누스는 교사와의 첫 만남을 위해 천부적인 철학자들이 발견한 것(특히 자연과학에 관한)과 '마니교도의 짧지 않은 우화'를 대조하면서 철저하게 준비했다. 예를 들자면 당시 철학자들은 '일식과 월식의 날과 시간과 그 범위'를 정교하게 예측할 수 있었다. 철학자 상당수가 허영에 들뜨고 교만해도 하나님은 진리를 파악할 수 있는 통찰력을 허락하셨고, 그래서 아우구스티누스는 그들의 가르침을 부지런히 좇았다. 철학자들은 하나님께 얼마나 큰 신세를 졌는지 알지 못했으나(여기서 '알 수 없음'이라는 주제가 반복된다) 그분에게 사용되고 있는 게 분명했다.

그들의 학문으로 무장한 아우구스티누스는 다급한 문제를 가지고 널리 알려진 교사를 마주했다. 특히 파우스투스가 이런 과학적 발견들, 가령 천문학에 관한 내용과 마니교가 같은 현상을 풀이하는 독특한 이야기를 어떻게 연결하는지 알고 싶었다. 마니교는 일식과 월식을 빛과 어둠의 격렬한 충돌이 진행되는 동안 태양과 달이 눈을 돌려서 보지 않는다고 풀이했다. 아우구스티누스는 마니와 후계자들이 어째서 '동지와 하지, 일식과 월식'을 파고들었는지 알고 싶었다. 그리스도인은 그런 내용을 전혀 몰라도 신앙이 흔들리지 않는다. '만물이 경배하는'(해와 달과 별까지) 하나님을 사랑할 수 있다. '큰곰자리를 전혀 몰라도' 마찬가지다.

아우구스티누스는 교사의 대답에 크게 실망했다. 사내는 조금도 도움이 되지 않았다. 9년간의 마니교의 가르침은 아우구스티누스의 '안정되지 못한 마음'에 답을 주지 못했다. 해결되지 않는 문제들을 다른 마니교도에게 솔직히 털어놓을 때마다 그들은 파우스투스가 의심을 모두 해결해 줄 것이라고 장담했다. 사실, 파우스투스는 다른 마니교도 이상의 답을 제시하지 못했다. 더욱 세련되게 설명하는 게 다를 뿐이었다. "멋지게 차려입은 사환이 값비싼 술잔을 건넨다고 해서 어떻게 나의 갈증이 해소될 수 있겠습니까? …세련된 방식이 진리를 만들어 낼 수 없습니다."

파우스투스와의 공개 토론에서 아우구스티누스는 마음껏 질문할 수 없었다. 그 교사를 따로 만났을 때 그의 지식이 얼마나 부족한지 확인하고는 충격을 받았다. 마니교의 문헌 이외에는 일체 아는 게 없었다. 아우구스티누스는 하나님에 대한 순수한 믿음이 폭넓은 천문학의 지식과 무관하다는 사실을 처음으로 인정했다. 그런데 마니교의 신앙체계에서는 천문학에 관한 질문이 아주 중요했고 그 분야를 알지 못하는 마니교도는 용서받지 못했다. 파우스투스는 아우구스티누스가 제기하려는 문제를 이해할 수 없다고 털어놓았다. 적어도 그 고백만큼은 정직했다. 사내가 마음에 든 아우구스티누스는 그가 카르타고에서 지내는 동안 기꺼이 함께 시간을 보냈다. 그렇지만,

> …유명한 파우스투스는… 의지나 지식과 상관없이(여기서 '알 수 없음'이라는 주제가 반복된다) 내가 걸려 있던 올무를 느슨하게 만들어 버리기 시작했습니다. 오, 나의 하나님! 주님의 손이 은밀한 섭리 가운데서 나의 영혼을 버리지 않으셨기 때문이며… 주님이 놀라운 방법으로 나를 대해주셨기 때문입니다.

아우구스티누스는 카르타고를 떠나 로마로 가기로 했다. 당시에는 미처 몰랐으나 하나님은 파우스투스와의 만남으로 그가 9년간 마니교를 통해 추구했던 무익한 탐구를 끝마치게 하셨다. 하나님은 문을 닫으면 다른 문을 열어주신다. 하나님은 아우구스티누스를 이탈리아로 데려가려고 파우스투스의 잘못은 물론 학생들의 행동까지 활용하셨다. 카르타고에서는 학생들의 태도가 불량했고 강의를 방

해하거나 내키는 대로 거친 행동을 일삼으며 거리를 배회했다. 하지만 하나님은 아우구스티누스의 불편한 마음 안에서도 여전히 움직이고 계셨다. 우리는 '알 수 없음'이 반복되는 장면을 또다시 접하게 된다. 아우구스티누스는 자신이 이탈리아에 가려는 이유를 제대로 알지 못했지만 하나님은 알고 계셨고, 무엇보다 지혜로운 계획이 '말할 수 없이 신비로운 섭리'에 따라서 서서히 모습을 드러낸다.

> 주님은 나를 설득해서 로마에 가게 하셨습니다. …주님은 채찍을 휘둘러 카르타고를 떠나게 만드셨습니다. …하나님, 주님은 내가 카르타고에서 로마로 떠난 이유를 알고 계셨습니다.

갈피를 못 잡는 어머니, 무익한 마니교 교사, 버릇없는 학생들을 뒤로한 채 배에 올라서 밤중에 이탈리아로 떠났지만 하나님의 바람이 항해를 이끌었다. 영적 성숙을 갈망하는 이들은 인생의 즐거움보다는 힘든 일을 통해 더 많이 배운다는 것을 이내 깨닫는다. 로마에서 아우구스티누스는 아주 즐거웠으나 그곳 역시 학교의 상황은 기대와 달랐다. 학생들은 별반 차이가 없었다. 카르타고 학생들은 버릇이 없고 로마 학생들은 정직하지 않았다.

당시에는 수업 기간이 끝날 무렵 교사에게 수업료를 지급하는 게 관례였다. 아우구스티누스는 수업에 최선을 다해도 막판에 학생들이 돈을 내지 않고 슬그머니 도망친다는 것을 알고 충격을 받았다. 게다가 그는 수입은 물론 건강까지 잃어버렸다. 로마에서 아우구스티누스는 마니교도와 줄곧 접촉했다. 그들은 자신들의 영향력을 이용해서 이번에는 밀라노에서 일자리를 구해주려고 했다. 마니교도와 아우구스티누스 모두가 몰랐으나 그들은 그의 인생을 송두리째 바꾸어 놓을 어느 사내를 만나도록 도움을 주었다.

설교자의 선물

아우구스티누스가 북부 이탈리아에 도착하기 전 암브로시우스는 10년간 밀라노의 주교로 활동했다. 암브로시우스는 주교로서의 업무보다는 그리스도의 신성을 인정할 준비가 안 된 자칭 그리스도인들의 강력한 공격을 막아내고 있었다. 우호적이지 않은 상황에서도 위축되지 않고 오히려 적극적으로 활약해서 아우구스티누스가 그 도시를 찾아올 무렵에는 영적 영향력이 널리 알려졌다. 아우구스티누스는 갚지 못할 만큼 신세를 졌노라고 솔직히 털어놓는다. 돌이켜 보면 밀라노에 관한 그의 생각은 뛰어난 연설가로서 높은 자리에 올라가는 게 아니라 탁월한 설교자를 만나는 것이 지배적이었다. "그렇게 해서 나는 밀라노에 와서 암브로시우스 주교를 찾아갔습니다."

여기서 우리는 아우구스티누스의 이야기에 등장하는 '알 수 없음'이라는 주제를 다시 접하게 된다. 마니교 동료들은 중요한 역할을 하도록 아우구스티누스를 추천했으나 도리어 그 일로 서로의 관계가 끊겼다. "내가 떠나는 것이 그들과의 관계를 정리하는 것이었음에도 우리는 그것을 몰랐습니다." 그는 암브로시우스를 만나게 될 것을 알고는 있었지만 그 만남이 얼마나 중요한지 알지 못했다. 하나님은 그의 삶에서 이 모든 일을 주도적으로 인도하셨다. "나도 모르게 주님 덕분에 그(암브로시우스)에게 이끌려 간 것은 내가 그를 통해 주님에게 이끌려 간다는 것을 제대로 알기 위함이었습니다."

암브로시우스의 사역이 가진 세 가지 특징은 진리를 추구하는 아우구스티누스에게 강한 인상을 남겼다. 그리스도를 섬길 때 줄곧 가장 중요한 것은 진실한 삶, 수준 높은 사역과 권위 있는 메시지이다. 그것들을 순서대로 살펴보려고 한다. 아우구스티누스가 그대로 따랐지만 개별적으로 다룰 수 없다. 세 가지 가운데 하나라도 지나치면 하나님이 기대하시는 사역이 아니다. 우리가 누구이고 우리가 어떻게 사역하고 우리가 무엇을 공유하는가는 동일하게 중요하다.

아우구스티누스는 처음으로 충격을 받은 게 암브로시우스의 성품이라고 분명하게 밝힌다. 이 사내는 사랑을 말로만 떠들지 않고 매일 목회를 통해 실행했다. 밀라노의 이방인이었던 아우구스티누스는 암브로시우스가 인격적으로 자신에게 깊은 관심을 두고 아들처럼 대하자 어리둥절했다. 암브로시우스는 군중에 매료되지 않고 개인을 염려하는 설교자였다.

그 하나님의 사람(왕하 1:9)은 아버지처럼 나를 맞아주었고 주교에 가장 잘 어울리는 친절로 내가 찾아온 것을 환영해 주었습니다. 나는 그를 좋아하게 되었습니다. 사실 처음에는 진리의 교사로 그렇게 대하지 않았습니다. 주님의 교회를 완벽하게 불신했기 때문입니다. 나를 친절하게 대해주었다는 점에서 그랬습니다.

우리가 누구인가는 우리가 말하는 것만큼 크게 전달된다.

아우구스티누스의 두 번째 인상은 설교 수준과 관계가 있었다. 암브로시우스의 설교는 탁월했다. 그 덕분에 아우구스티누스가 이끌린 게 분명했다. 연상의 암브로시우스는 같은 작업을 하고 있었다. 낱말을 제대로 선택했을 뿐 아니라 잘 짜인 문장구조, 논증의 배열, 논리적 제시, 적당한 예화의 구사 같은 극적 효과를 고려했다. 처음에 아우구스티누스는 그 설교자의 메시지 내용에 관심을 보이지 않았다. 마니교에 대한 격한 환멸 때문에 잠시 영적인 것들에 전혀 관심을 가질 수 없었다. 감수성이 강했던 9년간 그는 그릇된 길로 끌려갔다. 종교를 갈아타기 전에 조심해야 할 충분한 이유가 있었다. 아우구스티누스는 이 설교자의 실력에 대해 충분히 알고 있었고 처음부터 밀라노교회에 이끌린 것도 그 때문이었다. 암브로시우스의 설교가 산만하거나 두루뭉술했다면 문턱을 넘지 않았을지 모른다. 그리스도인이 되기 전에 아우구스티누스는 예배에 즐겨 참석했는데 이는 적어도 암브로시우스의 설교 덕분이었다.

나는 그가 사람들에게 설교하는 것을 주의 깊게 들었습니다. 좋은 뜻에서 그런 게 아니고 웅변기법이 평판대로인지 확인하기 위함이었습니다. …나는 정신없이 그의 말투에 빠져들었으나 내용은 줄곧 무관심하든가 무시했습니다. 언어의 매력을 즐겼습니다. …그런데도 서서히 나도 모르게 더 가까이 다가가고 있었습니다.

암브로시우스는 설교하는 것으로 만족하지 않았다. 설교를 기회로 삼아서 온갖 시도를 했고 진리를 파악하는 것은 물론 매료되고 기억할 수 있도록 가능한 모든 장치를 활용했다.

이윽고 아우구스티누스의 관심이 메시지의 도구에서 메시지 자체로 향했다. 그는 '그가 말하는 내용을 배우는 데 관심이' 없었고, '(하나님께로의) 길이 사람에게 열려 있다는 모든 희망을 상실' 한 상태였지만 암브로시우스의 말을 허투루 넘기지 않았다. 그런데 하나님은 방황하는 마음 안에서 움직이고 계셨다. 그는 이렇게 회상한다.

그런데도 내가 즐기던 용어들과 더불어서 관심이 없던 내용이 마음속으로 들어왔습니다. 둘을 분리할 수 없었습니다. 그가 구사하는 수사법에 주목해서 마음이 열리니 그가 말하는 진리 역시 들어왔습니다.

거기까지 상당한 시간이 필요했다. 빛이 비치기 시작하자 마니교의 약점이 드러났고 성경에 근거한 기독교에 대한 비난이 대부분 근거가 없다는 것을 깨달았다. 허무 속에서 맴돌던 그는 기독교의 메시지를 있는 그대로 수용하지 못하면서도 더는 닥치는 대로 비판할 수 없다고 생각했다. 그 단계에서는 아우구스티누스는 마니교를 포기할 수도, 그렇다고 그리스도인과 완벽하게 동일시할 수도 없었다. '양쪽이 동등하게 방어할 만한 가치'가 있다고 생각했기 때문이다. '물리적 세계와 모든 자연 질서'에 관한 마니교의 비합리적인 의견과 해와 달과 별을 설명하는 황당한 교훈이 9년간의 헌신으로부터 서서히 멀어지게 했다. 몇 주가 흐르자 카르타고에서 확인한 파우스투스의 무능함과 밀라노의 암브로시우스의 뛰어난 설득력을 자신도 모르게 비교하고 있었다. 한때 모든 것을 의심했으나 오로지 궁금함 때문에 이윽고 밀라노교회에서 세례 지원자가 되었다. 그는 "내가 길을 정할 수 있는 밝은 빛을 만날" 때까지 기독교 메시지의 실제 의미를 남김없이 알고 싶었다. 그 빛은 성경에 있었다. 암브로시우스는 성경을 공개적으로 설명했고 아우구스티누스는 개인적으로 공부했다.

아우구스티누스는 기독교 신앙에 관해서 지적으로 상당한 어려움을 겪었다. 하나님의 본성, 악의 기원 문제와 성경의 권위가 특히 그랬다. 그런 문제들을 놓고 위대한 설교자와 대화를 나누고 싶은 마음이 간절했으나 그 주교는 아우구스티누스가 달리 부담을 주고 싶지 않을 정도로 밀라노에서의 분주한 목회에 여념이 없었다. 암브로시우스는 힘겨운 길로 이끌어주었지만 하나님은 그가 신앙에 도달하도록 현재의 메시지 전달자는 물론 과거의 목소리까지 사용하셨다.

어느 학자의 증언

아우구스티누스는 오랜 진리의 추구 과정을 돌아보았다. "이제 나이 삼십이 되었는데 여전히 제대로 결단하지 못한 채 같은 진흙탕에서 어슬렁거리면서 현재의 덧없는 즐거움을 갈망했습니다."

그는 지적 만족과 인생에서 중대한 문제의 해답을 구하려고 신약 성경뿐 아니라 더 많은 고대와 당시 철학 문헌을 닥치는 대로 읽었다. 그가 읽은 그리스 철학 가운데 일부는 빅토리누스(Victorinus)라는 이름의 사내가 라틴어로 번역한 것들이었다. 하루는 어느 기독교 지도자(심플리키아누스, Simplicianus)에게서 이 빅토리누스가 만년에 아주 헌신적인 그리스도인이 되었다는 소식을 들었을 때 아우구스티누스는 얼마나 기뻤는지 모른다. 철학을 공부한 덕분에 아주 먼 길을 갈 수 있었지만 그것으로 충분하지 않았다. 그리스도 안에서 절박한 필요에 대한 해답을 찾았다. 아우구스티누스는 빅토리누스가 어떻게 개인적으로 신앙을 갖게 되었고 로마 지역 그리스도인들이 그의 세례를 얼마나 뜨겁게 증언했는지 전해 들었다. 당연히 아우구스티누스는 탁월한 정신을 소유한 이교도 우상 숭배자가 그리스도와 복음을 확신하게 된 과정을 알고 싶었다. 하나님은 어떻게 그런 사람의 마음속으로 들어가셨을까? 사연은 이랬다. "빅토리누스는 성경을 읽고 모든 기독교 문헌을 철저히 조사했습니다."

이런 내용을 아우구스티누스에게 소개한 심플리키아누스는 빅토리누스를 개인적으로 알고 있었고 그 탁월한 인물이 공개석상에서 신앙을 인정하도록 도움을 주었다. 위대한 학자는 믿음을 가지려는 마음이 사뭇 간절했으나 로마를 대표하는 연설가의 한 사람으로서 치러야 할 희생이 컸다. "그(빅토리누스)는 친구들, 그러니까 잡신을 섬기는 교만한 자들의 심기를 건드리는 게 두려웠습니다." 하지만 사람들 앞에서 그리스도를 부인하는 것을 거론한 성경의 말씀을 읽고 나서 '용기에 취해' 세례 지원자에 이름을 적어 넣었다.

심플리키아누스는 아우구스티누스에게 로마에서는 입교자가 '높은 단 위'에서 '단호하게' 자신의 신앙을 고백하도록 격려하는 게 교회의 전통이라고 소개했다. 그렇지만 교회 지도자들은 다양한 이유로 해서 어려움을 겪는 일부 신자들을 위해서 자신 없는 사람들은 사적으로 신앙을 고백하도록 허락했다. 지도자들은 빅토리누스를 배려해서 사석에서 가능하다고 제안했으나 그는 그럴 생각이 전혀 없었다. 그는 수사학자로서 모든 일을 공개적으로 감당했으니 자신의 인생에서 더할 수 없이 위대한 발견을 비밀에 부칠 수 없다고 생각했다. "미쳐 날뛰는 대중을 상대로 거리낌 없이 연설했던 그가 주님의 말씀을 고백하는데 얼마나 두려워해야 했을까요."

심플리키아누스가 위대한 인물이 신앙을 고백하던 날의 일을 들려주자 귀를 기울였다. 그가 계단을 올라가자 조용하던 무리가 크게 술렁이고 "즐거운 목소리로 모두가 알고 있는 그의 이름을 서로 주고받았습니다." 사람들은 명성이 높은 그의 이름을 부르면서 그 사내가 그리스도를 선택한 것을 크게 기뻐했다. "그들 모두가 진심으로 환영했고, 사랑과 기쁨으로 영접했습니다."

그런 감동적인 이야기는 아우구스티누스에게 무엇보다 필요한 것이었다. 신자 한 사람이 과거에 겪었던 값진 경험이 현재 암브로시우스의 설교만큼이나 강력한 힘을 발휘했다. 빅토리누스는 비밀을 소개하면서 자신이 증언이 얼마나 영향을 발휘할지 짐작하지 못했다. 우리는 그리스도를 위해 무엇인가를 할 수 있는 능력을 구하면서도 그것이 얼마나 영향을 미치고 또 그 열매가 지속하는지 전혀 알지 못한다. 아우구스티누스는 과거의 용기 있는 인물의 공개적인 고백 덕분에 자신도 그렇게 되고 싶었다. "주님의 종 심플리키아누스가 빅토리누스에 관한 이야기를 이렇게 들려주자 나도 그를 본받고 싶은 마음이 불같이 일어났습니다."

아우구스티누스가 충격에서 벗어나기도 전에 또 다른 그리스도인, 폰티키아누스(Ponticianus)가 집을 방문했다. 하나님은 그를 통해 이집트의 안토니우스(Antonius)를 소개하셨다. 이 일화 역시 비슷한 믿음과 헌신에 관한 내용이었고, 아우구스티누스는 안토니우스의 일화를 기록한 글이 폰티키아누스와 동료들의 삶에 얼마나 영향을 미쳤는지 알게 되었다.

방문자는 단순히 개인적인 일화를 소개한다고 생각했으나 하나님은 아우구스티누스의 삶에 극적으로 활용해서 자기 모습을 있는 그대로 바라보게 만드셨다.

> 주님, 그가 이렇게 말하는 동안 주님은 자신을 돌아보게 하셨습니다. 자신을 살피기 싫어 등 뒤에 놓아둔 나를 데려가셨습니다. …나 자신을 바라보는 게 소름이 끼쳤지만 피할 방법이 없었습니다. 내게서 시선을 돌리려고 해도 그의 이야기가 그치지 않았고, 그러면 주님은 또다시 내가 자신과 마주하게 하셨습니다. 주님은 나를 내 눈 안으로 밀어 넣어 나의 죄악을 확인하고 미워하게 만드셨습니다.

안토니우스의 헌신을 소개하는 강력한 일화 덕분에 자기 얼굴을 정면으로 응시하게 되었지만 그 모습을 피하고 싶었다. 그것은 영적 각성이고 도덕적 갈등이었다. 덕분에 자신의 생활방식과 수용하기 어려운 윤리 가치들을 알게 되었다. 하지만 그런 혼란은 영적 순례 과정에서 빠뜨릴 수 없는 요소였다. 그렇게 해서 밀라노의 정원 구석에서 감사한 깨달음의 순간을 갖게 되었다. 삶 속에서 하나님을 만나려는 이들은 자신을, 과거의 잘못과 현재의 죄악과 미래의 위험을 마주할 준비를 해야 한다. 아우구스티누스는 정원에서 바울의 글을 읽다가 자기 삶이라는 더러운 옷을 걸치고 있을 필요가 없다는 것을 깨달았다. 그리스도는 더 훌륭한 옷을 주셨다. "주 예수 그리스도로 옷 입고 정욕을 위하여 육신의 일을 도모하지 말라"(롬 13:14).

기적이 일어났다. 전 세계적으로 가장 탁월한 그리스도인 가운데 한 사람이 하나님 나라에 발을 들여놓고 있었다. 혼자서 겪은 일은 아니었다. 얼마 지나지 않아 다른 사람들이 그에게 합류했다. 마찬가지로 그리스도를 아는 데 관심을 가졌던 친구 알리피우스와 네브리디우스(Nebridius) 역시 회심했다. 갈등은 그렇게 끝났지만 싸움의 시작이었다. 아우구스티누스가 아프리카 항구도시에서 수행한 사역은 전 세계에 걸쳐 있었다. 그의 방대한 작품은 사후에도 그가 접한 적이 없는 대륙과 문화에 속한 사람들이 읽고 연구했다. 그리스도에게 삶을 바치는 순간 영원히 이어지는 역사가 진행된다.

[SECTION 1 _ 주] ···

1) 아우구스티누스, 「서신 21」(St. Augustine, Letters, Vol. Ⅰ, p.48: Fathers of the Church, New York, 1951).
2) 헨리 채드윅, 「성 아우구스티누스: 고백록」(Henry Chadwick, Saint Augustine: Confessions, OUP, 1991), p.3.
3) 아우구스티누스, 「독백록」 1권. 24 (Augustine, Soliloquies, Book Ⅰ. 24: ed. Gerard Watson, Aris and Philips, Warminster, 1990), p.59.
4) 아우구스티누스, 「시편 강해」(Augustine, Expositions on the Book of Psalms, Library of the Fathers, Oxford, 1857), Vol. Ⅵ, p.119.
5) 아우구스티누스, 「서신 24」(St. Augustine: Letters Vol. Ⅰ, p.66, Fathers of the Church, New York, 1951). 우정에 대한 아우구스티누스의 생각은 「고백록」 Ⅳ ⅷ (13)-ix (14) 볼 것.

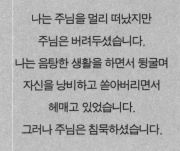

나는 주님을 멀리 떠났지만
주님은 버려두셨습니다.
나는 음탕한 생활을 하면서 뒹굴며
자신을 낭비하고 쏟아버리면서
헤매고 있었습니다.
그러나 주님은 침묵하셨습니다.

마틴 루터

◈━━━━◈━━━━◈

단순한 기도의 방법

" 기도를 제일의 사업으로 삼으라 "

※ 「단순한 기도의 방법」(A Simple Way to Pray, for a Good Friend)
은 1535년 봄 처음으로 출판되었고 몇 세기가 지나면서 경건 서
적의 고전으로 널리 인정받았다.

마틴 루터(Martin Luther)는 1483년 독일의 아이슬레벤에서 광산업자 한스 루터(Hans Luther)의 아들로 태어났다. 루터는 아버지의 기대를 저버린 채 1505년 어느 아우구스티누스 수도사 집에 묵었다. 당시 20대였던 그는 영원한 안식을 찾기 위해 어려움을 겪고 있었다. 그는 벼락이 떨어지는 순간에 했던 서원을 지키려고 아우구스티누스 수도원에 입회했다. 갑작스레 찾아온 죽음에 대한 공포에 눌린 채 중세에 흔히 하던 신앙의 표현처럼 "성 안나시여, 나를 도와주시면 수도사가 되겠습니다"라고 외쳤기 때문이다.

진지하고 헌신적인 수도사였던 루터는 처음부터 뛰어난 재능을 갖추고 있다는 것을 입증했다. 1508년 그는 비텐베르크에 새로 설립된 대학에서 도덕철학을 가르치게 되었고, 나중에 공부를 더 하고 난 뒤에는 1509년부터 성경까지 가르치기 시작했다. 1512년 박사학

위에 필요한 자격을 취득해서 성경 강의를 전담하는 교수가 되었다.

성경을 가르치는 일은 루터의 신학과 경험에서 무엇보다 중요한 일이었다. 삼십 대 초반 루터는 바울의 표현처럼 자신의 어떤 공적이나 성인들을 의지하지 않은 채 더할 수 없이 자비한 하나님의 관대하고 헤아릴 수 없는 역사에 힘입어서 믿음으로 의롭게 되고, 하나님 편에 서게 된다는 것을 강하게 확신하는 그리스도의 구원을 경험했다.

루터는 요한 테첼(John Tetzel) 같은 면벌부 판매자들의 그릇된 교훈에 많은 독일인이 속아 넘어가는 것을 보고 적잖이 상심했다. 면벌부는 본디 교회가 죄를 고백하고 회개한 이들에게 고해성사가 면제되었다는 의미로 부과하는 것이었다. 어쩌다 보니 돈을 받고 면벌부를 판매하게 되었고 그 제도는 상업적 거래의 성격을 갖게 되었다. 공식적인 교리는 여전히 고해성사를 고수했고 면벌부를 사는 것으로는 결코 죄를 용서받을 수 없었다. 하지만 1517년까지 사람들은 대부분 면벌부를 사면 심판은 물론 죄책감까지 용서를 보장받을 수 있다고 믿게 되었다.

루터는 비텐베르크교회 정문에 95개 조항의 반박문을 붙이면서 이런 중대한 문제를 놓고 진지하게 토론할 것을 제안했다. 그 일이 일어난 1517년 10월 31일, 만성절 전날 밤은 현재 전 세계에 널리 알려졌지만 당시는 그런 행동이 조금도 특별하지 않았다. 그것은 중대한 신학적 토론에 학문하는 동료들을 초대하는 일상적 방법이었다.

공식적인 토론은 이루어지지 않았지만 루터가 제기한 문제 때문에 가톨릭과 개신교가 분리되었다. 몇 해 지나지 않아 교황은 루터를 이단으로 선언했고 화해를 기대하지 않게 되었다.

그 뒤로 루터는 비텐베르크대학교에서 계속해서 강의하면서 다른 사람들과 함께 독일과 기타 지역에서 개신교식 교회생활을 형성하는 데 주력했다. 루터는 온갖 사건을 겪으면서도 목사와 신학 교수, 작가로 활동했다. 그의 광범위한 저술(몇 주 만에 무엇인가 집필해 낸)은 새롭게 개발된 인쇄 기술 덕분에 손쉽게 배포되어 유럽 전역으로 곧장 전달되었다. 이 시기에 루터는 지역 회중의 영적인 생활에도 관심을 기울이면서 사람들이 어둡고 어려운 시기를 견딜 수 있도록 도움을 주었다. 그의 모든 작품(때에 따라서는 허락 없이 출판되거나 어떤 경제적 이익도 얻지 못했던)은 이렇게 깊이 있는 목회적 관심을 늘 반영했다.

가령 흑사병이 비텐베르크를 덮쳤을 때 그 지역의 대학교는 예나(Jena)로 이주했지만 루터는 떠날 생각을 하지 않았다. 동네 병원 안에 잠자리를 마련한 채 무서운 재앙 속에서도 「죽음의 흑사병을 피해 달아나야 할 것인지에 관하여」(Whether One May Flee from a Deadly Plague)라는 저서를 집필했다. 그 책의 핵심 내용은 일반적인 상황에서는 가족들을 안전한 장소로 옮기는 것에 민감해야 하지만 그렇다고 해서 누구나 떠날 필요는 없다는 확신을 소개하는 것이었다. 그리스도인에게 더 시급한 문제는 흑사병을 피해 도망쳐야 하는지가 아니라 육체적으로나 영적으로 도움이 절대적으로 필요한 이웃을 외면할 수 있는 권리가 있는지였다.

이보다 극적이지는 않았지만 목회와 관련된 다른 저서들에도 16세기의 일상적 삶에서 사람들이 입은 상처들, 즉 억압과 질병과 죽음과 박해를 극복하도록 돕고 싶어 하는 인물의 마음이 담겨 있다. 태아가 잘못되어 슬픔을 겪고 있는 여성들을 격려하려고 집필한 간단한 저서는 애정이 담긴 마음과 목회 기술을 보여주는 한 가지 전형이다. 자녀들과 단란한 가정을 이룬 그였지만 아이를 잃는 고통을 겪기도 했었다. 그는 건강이 좋지 않을 때도 있었고 신앙 때문에 막역한 친구들이 순교하는 지독한 고통에도 익숙했다. 그런 사람의 저서에서는 부드러움과 실제적인 관심이 불가피하게 배어 나왔다.

루터는 인생을 마무리하는 순간까지 이런 친절한 목회 활동을 계속했다. 루터는 자기 집이 위치한 지역 출신 귀족끼리 심각하게 반목하자, 그런 다툼이 인근의 무고한 주민에게 심각한 영향을 미칠지 모른다고 생각했다. 개인적인 불만에서 비롯된 일이 불행을 겪고 있는 지역으로 쉽게 확산할 수도 있었다. 몸 상태가 몹시 나빴지만 루터는 몹시 추운 겨울에 아이슬레벤을 방문해서 두 백작을 화해시키려고 최선을 다했다. 그가 집에 보낸 편지에는 두 사람이 "편지로 상대를 자극해서" 서로 강한 적대감을 느끼고 있고 루터가 만족스러운 화해를 조성하려고 힘겹게 노력하는 내용이 일부 기록되어 있다. 결국 백작들은 화해했고, 루터는 임무를 완수한 다음 날(1546년 2월 14일)

세상을 떠났다.

이 개혁자는 일생 목회할 기회를 무수히 얻었고, 조언을 구하는 특별한 요구에는 글로 답할 때가 많았다. 1530년대 어느 날, 루터의 머리를 깎아주는 이발사 페터 베스켄도르프가 기도에 관해서 실질적인 조언을 해줄 수 있는지 물었다. 루터는 이발사와 오랫동안 친숙해서 진심으로 돕고 싶었다. 으레 그렇듯이 그는 베스켄도르프를 위해 작은 책을 집필했다. 얼마 되지 않는 분량의 이 안내서 「단순한 기도의 방법」(A Simple Way to Pray, for a Good Friend)은 1535년 봄 처음으로 출판되었고 첫해에만 네 판을 찍었다. 그 책은 유럽 전체의 기독교 가정에 전해졌고, 몇 세기가 지나면서 경건 서적 가운데 고전으로 널리 인정받았다. 작은 책에는 목회자로서의 루터의 헌신적인 모습이 소개되어 있을 뿐 아니라 아주 탁월한 16세기 작가의 재능이 드러나 있다.

페터 베스켄도르프는 루터가 그 책을 맨 처음 손에 쥐여주었을 때 감사했을 것이다. 하지만 얼마 지나지 않아 용서에 대한 확실한 메시지와 용기 있고 거룩한 삶에 대한 거듭된 호소가 한층 절실해졌다. 루터의 이발사는 힘든 시기를 겪었다. 성격이 급한 베스켄도르프는 사위의 끊임없는 허풍 덕분에 기분이 상했다. 군인이었던 사위 디트리히는 지루할 만큼 자기방어 기술을 늘어놓으면서 자기 복부 근육이 아주 유연해서 칼로 찔러도 피 한 방울 나지 않는다고 너스레를 떨었다. 부활절 전날 저녁 디트리히는 누구든지 도전해

보라고 했고, 결국 장인이 나서게 되었다. 베스켄도르프는 그날 밤 거나하게 술에 취했던 것 같다. 사위는 그의 칼에 찔려 몇 시간 만에 숨졌다.

루터와 다른 사람들이 구명에 나섰고, 특수한 상황이 참작되어 베스켄도르프는 처형을 면했다. 하지만 그는 데사우(Dessau)로 유배를 가서 그곳에서 여생을 보내야 했다. 이 낙천적인 사내의 인생은 하룻밤 만에 바뀌었다. 강제 유배를 엄격하게 제한해야 한다고 주장했던 루터의 동료 필립 멜란히톤은 폐인이 된 베스켄도르프에게는 머리를 제외하면 그 무엇도 남지 않았다고 말했다. "창밖으로 내밀 수 있는 것은 머리뿐이었다." 낯선 곳에서 지내야 하는 그는 모든 것을 잃었다. 가족, 가정, 재산은 모두 증발했다. 어두운 시절을 보내던 그는 특별히 자신을 위해 그리스도인의 헌신적인 기도의 본질과 가치를 주제로 집필된 이 감동적인 소책자 덕에 적잖이 위로받았을 것이다. 이 책은 형식적인 기도의 신학이 아니라 종교개혁자의 매일 기도 습관을 개인적으로 즐겁게 소개하기 때문에 각별한 관심을 끌게 된다.

사랑하는 벗 페터에게. 내가 개인적으로 기도하는 방식에 관해서 있는 힘껏 소개해 보겠습니다. 사랑의 주님이 당신을 비롯한 누구든지 나보다 기도를 더 잘할 수 있도록 허락해 주시기를 빕니다! 아멘.

루터는 자기 경험을 털어놓으면서 모든 그리스도인에게 변함없이 중요한 여러 주제를 검토한다.

기도의 모험을 시작하라

루터는 기도가 언제나 쉬울 수 없다고 말하면서도 자기 독자를 위해서는 쉽게 설명하는 것으로 시작한다. 루터는 싫증, 뒤로 미루기, 제한하기, 반대하기를 기도를 어렵게 만드는 네 가지 문제로 간주한다.

첫째 문제는 싫증이다. 우리는 기도하고 싶은 마음이 들지 않을 수도 있다. 루터는 친구 페터에게 자신이 언제나 기도를 좋아하는 것은 아니라고 말한다. "기도에 대한 열정이 식고 즐거움이 사라진 것 같을 때는… 간단한 시편 모음집을 들고 급히 내 방으로 들어가…."

기도하기만 하면 더 괜찮은 사람이 될 수 있다는 것을 알면서도 불안의 무거운 무게에 눌리고 다른 일에 정신을 뺏길 만큼 인생의 압박을 받을 때가 있다. 루터는 그런 경험에 아주 익숙했다. 그는 정직이 전부였다. 언젠가 가톨릭 당국이 위협을 가해오자 그것을 걱정한 작센 지역의 선제후가 일부러 그를 납치해 바르트부르크성에서 은밀하게 보호해 준 일이 있었다. 비텐베르크에서 추진하던 일을 어쩔 수 없이 못 하게 된 루터는 건강을 잃었는데, 이때의 우울한 경험을 '밧모섬' 또는 '나의 광야'라고 불렀다. 그 시기에 그는 거의 기도가 불가능하다고 생각하고는 동료 멜란히톤에게 이런 내용의 편지를 보내기도 했다.

> 나는 바보처럼 이곳에 앉아서 무료하게 지내며 기도는 거의 못하고 있네. …하나님이 나를 외면하시는 것은 아닌지 자신할 수 없군. …벌써 여드레째 아무것도 쓰지 못하고 있다네. 그렇다고 기도하거나 공부하는 것도 아닌데 말이지. 이런 까닭은, 절반은 육신의 유혹 때문이고, 절반은 다른 일로 고민하기 때문이라네.[1]

루터는 이발사 페터의 인생에서 쉽게 기도할 수 없는 시기가 있을 수 있다는 것을 알고서 그런 경험에 대비하도록 돕고 싶어서 했다. 우리는 기도를 좋아하든 싫어하든 기도에 힘써야 한다. 마음이 갈피를 못 잡거나 철저하게 흔들린다고 해서 기도를 멈추면 안 된다.

더 심각한 문제는 뒤로 미루는 것이다. 우리는 기도의 중요성을 거리낌 없이 인정하고 더 잘할 수 있다고 생각한다. 하지만 다른 일을 하게 되면 기도는 중요한 문제에서 배제된다. 기도하는 게 마땅하지만 아직은 때가 아니라는 것이다. 루터는 베스켄도르프에게 기도 시간을 정해놓고 무슨 일이 있어도 날마다 하나님과 약속을 지키는 게 중요하다고 지적한다. "기도로 아침을 시작하고 밤늦게 기도로 끝마치는 것은 좋은 일입니다."

이렇게 날마다 해야 할 중요한 훈련을 간과하면 기도는 하나 마나 한 선택이 되고, 더 시급한 일이나 과제 때문에 외면될 수 있다. 분주한 생활을 하는 루터는 그 위험을 너무 잘 알고 있었다.

그릇된 생각에 현혹되지 않게 조심해야 합니다. "잠시만 기다려라. 기도는 잠시 미루어 두고 먼저 닥친 일부터 따져보자." 이런 식의 생각은 다른 일에 정신을 쏟게 만들어서 기도를 멀리하게 하고 그날의 기도에 조금도 도움이 되지 않습니다.

루터가 찾아낸 또 다른 문제는 기도를 주제로 한 그의 저서에는 자주 등장하지 않는다. 그것은 기도를 하나님의 임재 안에서만 입을 여는 것으로 국한하기, 즉 제한하는 것의 위험이다. 루터는 기도의 본질을 하나님과의 교제로 축소하지 않으면서도 우리의 말과 행동으로 기도할 수 있다고 주장한다. '특별히 급할 때는' 이따금 기도보다 더 중요한 일이 있을 수도 있다. 우리는 루터가 이 모든 내용을 중세시대 전반에 걸쳐 영적으로 가장 이상적인 상태로 강조한 수도원식 경건의 배경에 반대하면서 집필하고 있다는 사실을 기억하지 않으면 안 된다. 루터는 기도나 예배를 위해 고립된 수도원으로 물러나는 것을 조금도 거룩하게 여기지 않았다. 여기서 루터는 "기도만큼 중요하거나 그보다 더 괜찮은 일이 있을 수 있습니다"라고 주장한다.

주님은 우리가 무슨 일이 일어나기를 기대하고 있기보다 직접 몸으로 움직이기를 바라실 때가 있다. 가족 가운데 누군가, 혹은 친구나 이웃이 아프면 환자를 위해 간절히 기도하기 마련이지만 하나님은 기도 그 이상의 일을 하기를 바라신다. 루터는 자기 말을 강조하고 싶었는지 4세기 후반 베들레헴의 수도원 공동체에서 생활했던 아우구스티누스와 동시대 인물인 제롬(히에로니무스, Jerome)을 인용한다. 그는 초기 기독교학자 가운데 한 사람이었다. 누구에게도 기도하는 일을 과소평가하는 언급을 하려고 하지 않았던 루터는 제롬의 말을 반복한다. "신자가 하는 것은 무엇이든 기도이다." 루터는 그와 비슷한 당시의 격언까지 인용한다. "성실하게 일하는 사람은 두 번 기도하는 것이다."

하지만 이것을 사실로 인정하면서도 루터는 위험을 간과하지 않는다. 믿음이 없는 사람은 이것을 구실 삼아 기도하지 않을 수도 있다. "나는 실제적인 일이 좋으니 기도하는 것은 다른 사람들에게 맡기겠다"라는 식이다. 루터는 바른 자세, 동기부여 그리고 상황을 전제하면 실제로 선한 일 가운데 일부가 기도처럼 보일 수도 있다고 말하면서도 독자들이 기도가 일보다 부차적이라거나 이웃들에게 선행을 베풀면 기도를 하건 안 하건 문제가 되지 않는다고 생각할까 봐 염려한다. 그는 이렇게 주장한다.

우리는 진정한 기도의 습관을 깨거나 결국에 가서 무익한 것으로 밝혀지는 다른 일을 꼭 실천해야 할 것처럼 상상하지 않도록 정말 조심해야 합니다. 그렇게 되면 문란하거나 게을러져서 마침내 기도에 대해서 냉랭해지고 관심이 사라지게 됩니다.

　　루터는 기도에 관한 또 다른 문제, 즉 반대하기를 거론한다. 그는 우리가 기도하지 않을 때 악마가 아주 기뻐한다는 것을 알고 있다. 기도에 관한 작은 책을 통해서 루터는 악마의 끈질기고 악랄한 활동을 소개한다. 종교개혁자는 악마의 존재나 그의 저항을 조금도 의심하지 않는다. 우리는 그리스도인이 누리는 기도의 특권과 책임감에 관해서 나태할 수 있지만 악마는 한순간도 쉬지 않고 우리 기도를 가로막는다. "우리를 안에서 괴롭히는 악마는 게으르거나 부주의하지 않고, 우리 육신 역시 죄를 저지를 준비가 되어 있을 뿐 아니라 그것을 갈망하고 기도의 영을 내켜 하지 않습니다."
　　루터가 「단순한 기도의 방법」이라는 작은 책에서 악마의 행동에 관심을 끌게 된 데는 그럴만한 이유가 있었다. 언젠가 루터는 머리를 깎으러 페터 베스켄도르프의 가게를 찾아갔다가 자신이 책을 쓸 준비를 하고 있다고 말했다. 그가 베스켄도르프가 악마의 힘이나 속임수에 관한 책이었으면 좋겠다고 말하자 그 생각에 관심을 가졌다. 루터는 그런 식의 작업은 위험하다고 슬쩍 그를 떠보았다. 원수가 자신의 활동을 문서로 다루는 것을 내켜 하지 않을 것이기 때문이었다. 며칠 뒤 루터는 페터에게 약간의 장난기가 묻어나는 내용을 노래한 시를 보냈다.

악마는 성급하고 뻔뻔하기 이를 데 없어서
하는 짓이라고는 악하고 속이고 교활한 것뿐이니
페터 님은 눈치 빠르게 행동해서
악마를 골려주려다가
덮어쓰는 일이 없으시기를…

이렇게 해서 루터는 현실을 있는 그대로 소개하는 것으로 자신의 책을 시작한다. 기도는 늘 매력적인 일이 될 수는 없다는 게 루터의 생각이었다. 악마는 육신의 욕구를 조종함으로써 점차 하나님을 벗어나서 알지 못하는 사이에 영적 항구를 떠나게 하려고 갖은 노력을 다한다. 그러면 기도는 더 이상 일차적인 문제가 될 수 없다. 하지만 노련한 목회자 루터는 계속해서 부정적인 문제들을 강조하는 것으로 만족하지 않았다. 그는 신자의 기도가 풍성해질 방법을 설명하는 것으로 곧장 넘어간다.

기도는 간구 이상의 목적이 있다

루터는 기도에 대한 우리의 자세에서 시작해서 그것을 어떻게 가장 잘 준비할 수 있는지 살펴본다. 그는 기도가 간구하는 행위 그 이상이라고 강조한다. 삶 속에서 하나님의 실체를 연상시키는 것들 가운데 기도보다 뛰어난 게 없다. 기도는 그저 하나님의 임재 안에 거하면서 하나님의 위대하심과 그분에 대한 부단한 필요를 새롭게 경험하게 한다.

루터는 그리스도인이 성경을 앞에 펼쳐 놓고 기도할 때 가장 잘 할 수 있다고 확신했다. 그는 좋은 기도는 응답이라고 생각했다. 성경을 통해서 이미 우리에게 말씀하신 하나님께 대답하는 게 기도이다. 루터가 묵상을 중시하는 것도 바로 이 때문이다. 하나님이 성경의 내용을 통해 주시는 말씀에 조심스럽게 귀 기울이고 우리 가슴과 생각에 깊숙이 파고들도록 용납하는 것을 연습하는 게 기도이다. 말씀의 메시지를 경건하게 묵상하고 지속적으로, 그리고 감사하면서 말씀을 반복하고 우리의 정신적 틀의 일부가 되게 만들어서 기도하고 싶은 마음이 일어나게 해야 한다.

루터는 성경 일부를 조용히 암송하면서 기도를 시작하라고 제안한다. 말씀을 서두르지 않고 묵상하면 경건해지고 감사와 기대하는 마음을 갖게 되어서 하나님의 임재를 향해서 서둘러 나가거나 비슷한 말을 하고 또 하거나 계속 재촉하는 것을 예방할 수 있다. 묵상은 하나님이 말씀하고 싶어 하시는 생각을 각인시키는데, 그것은 우리가 하나님께 건네는 말보다 더 중요하다. 루터는 자신의 기도하는 습관을 이렇게 소개한다.

간단한 시편 모음집을 들고서 급히 방으로 들어가거나, 혹은 때가 맞으면 성도들이 모여 있는 교회로 가서 시간이 허락하는 만큼 조용히 자신과 대화를 나눕니다. 그렇지 않으면 십계명, 사도신경, 그리고 시간상으로 여유가 있으면 그리스도의 말씀이나 바울 서신, 시편 가운데 일부를 어린아이처럼 한마디 한마디 읽어 내려가기도 합니다.

우리는 이렇게 글로 소개하는 훈련되고 구조화된 묵상이 루터의 기도생활의 토대를 형성하고 있다는 것을 확인할 수도 있다. 하지만 여기서는 하나님이 말씀으로 계시할 때 인내하면서 귀 기울이는 게 그의 기도 방식이었다고 지적해 두는 것만으로도 충분하다. 처음에는 십계명, 이어서 사도신경으로 이어지는 글의 구성 역시 훌륭하다.

십계명은 사람이 순종해야 하는, 하나님이 규정하신 일련의 규범이 아니다. 하나님의 본성을 계시하는 것이다. 그것은 우리가 반드시 실천해야 할 내용이 아닌, 하나님이 좋아하시고 행하신 일을 선언하는 것으로 시작된다. "나는 너를 애굽 땅 종 되었던 집에서 인도하여 낸 네 하나님 여호와라"(신 5:6).

루터는 기도 시간을 시작하면서 그 계명을 조용히 암송하면서 그것이 우리를 위해서 간직하고 있는 위대한 네 가지 진리, 즉 하나님은 누구시며 무슨 일을 하셨는지, 우리는 누구이고 하나님이 우리에게 기대하는 게 무엇인지 일깨운다.

계명은 하나님에 관해서 무엇인가를 주장하는 것으로 시작된다. 그것들은 차갑고 법률적인 교훈이 아니라 자기 사람에게 말씀하시는 하나님의 본성과 성격에 즉각적으로 반응하는 계시이다. "나는 여호와라"는 표현은 불타는 떨기나무를 통해서 모세에게 계시하신 이름을 떠올리게 한다. 모세는 곧 있을 구원에 대해서 듣게 되자 노예생활을 하는 이스라엘 사람들이 하나님의 이름이 무엇인지 물으면 어떻게 대답해야 할지 당연히 물었다. 하나님은 이렇게 대답하셨다. "나는 스스로 있는 자이니라. 또 이르시되 너는 이스라엘 자손에게 이같이 이르기를 스스로 있는 자가 나를 너희에게 보내셨다 하라"(출 3:14). 그분은 영원히 존재하시고 실패하는 법이 없고 전능하신 하나님이다.

그래서 루터는 계명을 상기시키면서 동시대 사람들에게 기도를 시작하도록 정중하게 격려할 때 계명이 소개하는 그 하나님을 염두에 두도록 부탁한다. 그분은 운명을 결정하는 최고의 하나님이시다. 그런데 그분은 두려워하는 모세와 기죽은 이스라엘 사람들만 아니라 교만한 이집트인, 루터와 양심의 고통을 겪는 베스켄도르프, 그리고 여러분과 나의 운명까지 결정하신다.

아울러 계명은 영원히 통치하시는 하나님이 전능하시다고 계속해서 선언한다. 하나님은 모세에게 말씀만 하시지 않고 자기 백성을 위해서 구원을 실행하실 것이다. 그분은 이스라엘을 이집트의 노예생활에서 구원하신 그 하나님이다. 그분만이 유일한 하나님이시고 다른 신은 없다. 우상 숭배는 생각할 가치도 없다. 이스라엘 사람 사이에 하나님은 여럿 가운데 하나이고 다른 종교와 자유롭게 타협할 수 있다는 식의 신앙생활에 관한 어떤 제안도 용납하지 않는 질투하시는 하나님이다. 사랑을 베푸시는 하나님이고 그분을 사랑하는 많은 사람에게 신뢰할 수 있는 계약으로 동정하는 마음을 보여주시고 계명을 지키게 하신다.

그분은 구원의 하나님이라서 사람들의 삶이 처한 최악의 상황을 '강력한 손과 팔을 펼쳐서' 벗어나게 하실 수 있다. 자비하신 하나님은 백성들에게 선한 일, 즉 '평안히 갈 수 있는 것', 그리고 그들에게 허락하는 땅에서 '오래 살기를' 바라실 뿐이다. 그분은 살아 있는 하나님이니 직접 허락하신 개인의 삶을 누구도 뺏을 수 없다. 그분은 고귀한 하나님이라서 누구도 결혼생활을 해칠 수 없다. 그분은 성실한 하나님이라서 이웃을 해치는 거짓을 말할 수 없다. 그분은 모르는 게 없는 하나님이라서 탐욕스러운 생각과 물질적이며 욕심을 부리는 사람의 은밀한 생각까지도 지켜보시고 알고 계신다. 열 번째 계명은 계명 전체를 합한 것을 넘어서는 게 존재하고 있음을 빼어나게 보여준다. 모르는 게 없는 하나님이 아니라면 은밀한 탐욕을 누가 확인할 수 있을까?

따라서 십계명 안에는 하나님에 대한 다양한 이미지가 존재한다. 그분이 어떤 분이고 무엇을 행하시는지, 즉 계시와 구속을 소개한다. 그것이 계명의 핵심이다. 하나님의 요구를 간단히 정리하면 이렇다. 사람은 하나님을 닮아야 한다. 하나님이 생명을 존중하시면 그들 역시 그래야 한다. 하나님이 믿을 만하고 신뢰할 수 있는 관계를 유지하시는데 사람이 어떻게 다른 것을 추구할 수 있을까? 그분이 거룩하다면 사람 역시 어떤 행동을 하든지 거룩해야 한다.

게다가 루터는 십계명을 조용히 암송했다. 그것은 하나님에 대한 계시일 뿐 아니라 우리 모습이기 때문이다. 여기서 우리는 늘 존재하는 것과 되어 가는 것의 위험을 겪고 있지만 하나님의 은총이 필요한 사람이라는 것을 알게 된다. 우리는 우상을 숭배하고 쉽게 잊고 다른 사람이 처한 상황에 무관심하고 부모를 존경하지 않고 우리가 싫어하는 사람에게 공격적이고 폭력적이며 인생에서 가장 친밀한 관계에 충실하지 않고 욕심을 부리고 다른 사람의 소유에 탐심을 갖고, 고통을 겪는 이에게까지 당연하다는 듯이 진실하지 않은 말을 하려 하고 언제나 우리가 지닌 것보다 조금 더 소유하고 싶어 한다.

루터와 칼뱅은 물론이고 영국의 청교도들이 계명에 담긴 하나님의 법을 유리 거울, 즉 하나님이 우리가 헛되이 자신을 기대하는 게 아니라 진정한 모습을 보게 하려고 만드신 거울이라고 자주 언급한 것도 바로 이 때문이다. 루터는 갈라디아서를 주석하면서 이것을 아주 분명하게 설명했다.

율법이 마땅히 해야 할 일은 우리 죄를 보여주고 죄책감을 느끼게 하고 겸손하게 하고… 그리고 결국에는 우리에게서 어떤 도움이든지 앗아가는 것이지만… 이런 목적과 함께, 우리가… 모든 선한 것을 누리게 하는 것도 있다.[2]

루터가 개혁주의를 따르는 회중을 위해 최고의 작품을 편집하면서 계명을 규정에 따라서 운율로 집필했는데, 계명에 맞추어 회중이 "주여, 우리를 긍휼히 여기소서"라고 대답하는 식이다. 계명은 우리가 죄인이라는 것을 일깨운다. 믿음을 갖고서 기도에 의지하는 시간은 우리 자랑을 늘어놓거나 도덕적 가치를 주장하는 것과 거리가 멀다. 우리에게 절실한 것을 떠올리고 우리 죄가 아무리 크더라도 영광스럽게 용서받을 수 있게 기도를 통해서 하나님께 나아가는 것을 감사하면서 돌아보는 시간이다.

계명은 또한 우리가 하나님의 은총에 힘입어서 무엇을 할 수 있는지를 보여준다. 이런 수준 높은 기준은 행복하고 유용한 삶을 사는 데 필요한 형식과 더불어 말씀에 복종하는 능력을 약속하신 하나님이 우리를 위해서 마련하신 것이다. 그분은 우리에게 전적으로 불가능한 일을 요구하시지 않는다. 그런 기준이 있다면 무척 당황스러울 것이다. 오히려 우리 내부에 더 나은 삶을 살고 싶은 바람을 불러일으키려고 성경에 포함한 것이다. 더구나 하나님이 우리에게 기대하시는 생활방식은 인간 존재의 모든 측면에 걸쳐서 영향을 미칠 수 있다. 계명은 하나님, 가족, 이웃, 고용인, 그리고 우리가 기르는 동물까지 관계가 있어서 역시 한 주에 하루는 안식을 누려야 한다.

따라서 루터가 페터 베스켄도르프에게 자신처럼 계명을 암송하면서 기도를 시작하라고 제안한 것은 훌륭했고 그것은 우리가 하나님과 교제하는 데도 상당한 도움이 될 수 있다. 그것은 우리가 아무 생각 없이 무례하게 바라는 것에만 관심을 쏟은 채 하나님이 우리를 위해서 해주신 일과 우리에게 바라는 것—사랑, 예배, 순종, 거룩함과 섬김—을 먼저 생각하지 않고서 하나님의 임재를 향해서 발걸음을 서두르지 않도록 도와준다.

계속해서 루터는 사도신경을 조용히 암송한다고 말한다. 달리 말하자면 그는 하나님의 임재 속에서 자기 신앙을 감사하면서 확증하고 자기가 다가가고 있는 하나님에 대한 확신을 선언하는 것이다. 루터는 책을 마무리하면서 사도신경에 관한 묵상에 대해서 더 할 말이 있었지만 우리는 그가 기도를 시작하면서 성부, 성자, 성령이라는 삼위일체의 성격과 존재를 통해서 하나님의 위대하심과 영광을 성찰했다는 것에만 주목한다. 영원하고 늘 영광된 하나님의 제한 없는 자원이 여기에 존재한다. 세상을 창조하신 하나님은 분명히 무엇이든지 하실 수 있다. 구속하신 그리스도가 자기 사람을 당연히 계속 사랑하시지 않겠는가? 성령님이 교훈과 확신과 사귐과 능력의 사역을 신뢰해 온 사람의 모든 삶을 풍요롭게 만들 수 있는 충분한 자원을 당연히 가지고 계시지 않겠는가? 이것들이 바로 루터가 그 무엇을 간구하기 훨씬 전부터 그의 마음을 가득 채우고 있는 생각이었다.

기도의 본질은 하나님과 대화를 나누는 것

루터는 일단 마음이 가닥을 잡으면 기도하는 사람은 개인적으로 하나님과 대화를 나누어야 하고 남들이 써 놓은 진부한 글을 반복하면 안 된다고 말한다. 하지만 그는 이발사에게 할 수 있는 도움을 모두 주고 싶어서 기도문이 아니라 기도를 시작할 수 있도록 한 가지 본보기를 소개한다.

십계명이나 그리스도의 말씀을 암송하다가 마음이 뜨거워지거나 그런 내용에 마음이 이끌리면 손을 모은 채 무릎 꿇거나 서서 하늘을 바라보고, 가능하면 다음과 같이 간단하게 말하거나, 아니면 생각해야 합니다.
하늘에 계신 아버지, 사랑의 하나님이시여, 저는 보잘것없는 죄인입니다. 저는 하나님을 올려다보거나 손을 모을 수 있는 자격이 없습니다. 그런데도 하나님이 우리 모두에게 기도하라고 말씀하시고 귀 기울이겠다고 약속하시고, 하나님의 사랑스러운 아들 예수 그리스도를 통해서 어떻게 기도하고 무엇을 해야 할지 가르쳐주셨으니 하나님의 자비하신 언약을 의지하고 하나님 말씀에 순종하며 나갑니다. 저는 하나님의 모든 성도와 지상의 그리스도인들과 함께 나의 주 예수 그리스도의 이름으로, 그분이 가르쳐주신 기도("하늘에 계신 우리 아버지여…")를 조금도 어긋

남 없이 따라 합니다.

이렇게 기도의 시작을 소개하는 것은 때에 따라서 선택할 수 있는 본보기이다. 종교개혁자는 몇 개의 간단한 문장들을 가지고서 강력한 교리적 확신을 훌륭하게 압축했다. 하나님의 아버지 되심, 죄의 진실, 개인적인 고백의 필요성, 그리스도의 교훈, 순종과 불순종의 중요성, 은총의 언약, 그리스도의 비길 데 없는 이름의 능력과 곳곳에 있는 믿는 이들과 함께 나누는 교제가 그것들이다.

루터는 친구가 기도할 때마다 결코 변함이 없는 기독교 신앙과 경험에 대한 확신을 선언한다는 사실을 일깨워주고 싶었다. 기독교인의 기도 가운데 일부는 안타깝게도 이 수준에 도달하지 못하는 위험에 처해 있다. 몹시 주관적이고 수시로 돌변하는 개인의 감정 기준을 영원히 벗어나지 못할 수 있다. 루터는 기도할 때 종잡을 수 없는 감정이 아니라 기독교 교리의 객관적인 진리를 따르고 싶었다. 감정이 바뀌거나 상황이 달라질 수 있지만 진리는 변함이 없어서 기도할 때 무엇보다 중요하게 생각했다.

기도의 형태는 성경 구절을 묵상하는 형태로

루터는 우리의 기도가 일부 중요한 성경 구절을 체계적으로 차분히 묵상하는 형태를 취하는 게 중요한데, 그때는 주님이 제자들에게 가르쳐주신 기도가 더 낫다고 제안한다. 그는 주님의 기도를 일곱 가지로 구분하고서 자기 친구에게 그 기도에 포함된 각각의 간구가 우리 기도에 얼마나 훌륭하게 기초로 활용될 수 있는지 보여준다. 이렇게 해서 루터는 중요한 문제를 거르지 않고 기도한다는 것을 확실하게 해두려고 날마다 하는 기도를 독특하게 구조화한다. 그리고 기도하는 순간에는 개인적인 것이나 가정이나, 교구나 혹은 긴급하지 않은 문제를 모두 배제한다.

루터는 제목에 따라서 기도의 몇 가지 모범을 이발사 친구에게 제시한다. 그렇다고 해서 내용을 그대로 베껴도 좋다고 말하지는 않았다. "그렇게 하면 한가하게 수다를 떨고 무익한 말을 내뱉는 것이나, 평신도와 사제와 수도사가 기도책의 문장을 그대로 읽어대는 것과 다르지 않습니다." 그는 각자의 기도가 하나님께 거침없이 사랑을 쏟아내고 매일 신뢰하고 있음을 알리는 표현이 되기를 갈망한다. 그의 목적은 페터 베스켄도르프에게 다른 누군가의 기도를 한 아름 안겨주고서 따라 하게 하는 게 아니었다.

그보다는 당신이 주님의 기도를 제대로 알고 싶어 하도록 안내하고 싶습니다. 그렇게 해서 마음이 뜨거워져서 기도하는 쪽으로 기울어지게 되면 여러 가지 방법을 활용하거나 말을 많고 적게 하는 식으로 그런 생각들을 표현할 수도 있습니다.

루터 자신은 일곱 가지 내용으로 이루어진 주님의 기도를 노예처럼 반복하지 않는다고 분명하게 밝힌다. 노예처럼 주님의 기도를 하는 것은 기계적으로 반복하는 의식처럼 아무 생각 없이 암송하는 것이다. 어느 때는 한 가지 내용에 크게 감동해서 줄곧 그것을 벗어나지 않은 채 교훈을 받은 대로 그날의 기도 형식을 결정하기도 한다.

어쩌다가 한 가지 간구와 관련된 갖가지 생각에 휩쓸리다 보면 다른 여섯 가지 간구를 무시할 수도 있습니다. 괜찮은 생각이 쏟아지면 나머지 간구를 미뤄둔 채 그런 생각에 필요한 여유를 갖고, 침묵하면서 귀 기울이되 무슨 일이 있더라도 가로막아서는 안 됩니다.

이 중요한 단서를 염두에 두면 루터가 주님과 하루도 거르지 않고 대화하기 위해서 어떻게 일곱 가지 내용으로 구성된 주님의 기도를 활용했는지 확인할 수 있다.

하나님의 특별함을 경배하라.
"아버지의 이름이 거룩히 여김을 받으시오며"라는 첫 번째 간구로 시작하는 기도 도입부는 루터가 속한 시대의 절박한 상황이 반영되어 있다. 개신교 신자들은 박해받는 소수였다. 따라서 하나님의 영광에 관심을 가진 루터는 유럽 각 지역에서 하나님의 이름을 존경하지 않는 이들을 당연히 비판적으로 바라보았다. "증오, 우상 숭배, 이교도, 교황, 온갖 거짓 교사들과 하나님의 이름을 잘못 사용하고 망령되이 부르고 한껏 모욕하는 광신자들을 하나님이 근절시켜" 달라는 그의 기도는 관용의 시대에는 엄격해 보이고 때로는 도움이 되지 않는 위협처럼 보일 수도 있다. 루터가 주님의 기도 가운데 첫대목을 활용한 것은 루터의 기도가 적절하고 열정적이고 현실적이었다는 것을 보여준다.

첫째, 루터의 기도는 적절하고 요즘 상황과 밀접한 관련이 있다. 그는 기도할 때 일상생활의 압력을 무시하는 외딴섬으로 물러서지 않았다. 오히려 지상의 나라들을 다스리시는 주권을 가진 하나님의 임재 안에 세상이 머물러야 할 필요성을 제기한다. 그에게 있어서 하나님의 백성을 박해하는 것은 두려운 일이었다. 그가 여기서 "불쌍한 영혼을 가증스럽게 유혹하려고 악마의 책략과 속임수를 활용…하거나 무고한 피를 적잖이 흘리게 하고 박해"하는 사람들의 그릇된 행동에 대해서 기도한다고 해서 타협을 무시하고 독설을 퍼붓는 것은 아니다. 루터는 고난의 문제를 이론적으로 검토하지 않는다. 그의 동료 가운데는 신앙 때문에 죽임을 당한 이도 있다. 그가 「단순한 기도의 방법」을 집필하기 불과 몇 해 전에 친구이며 목회자였던 레온하르트 카이저(Leonhard Kaiser)는 바바리아(Bavaria)에서 산 채로 화형을 당했다. 게오르크 빙클러(George Winkler) 역시 쾰른(Koelin)에서 살해되었다.

이렇게 동료들을 잃어버릴 무렵에 루터는 신장결석을 앓았는데, 어느 때는 생명이 위험할 정도로 고통이 심했다. 흑사병이 비텐베르크에 도달했을 때는 아들 한스의 건강이 크게 악화하였다. 악의 세력이 총공세를 취하는 것 같았다. 그가 유명한 찬송가 "내 주는 강한 성이요"를 작곡한 게 그 당시(1527년)였다. 거기에 담긴 확고하고 강력한 믿음은 시적인 과장이 아니었다. 루터는 변함없는 하나님의 보호를 받았다.

> 친척과 재물과 명예와 생명을
> 다 빼앗긴대도
> 진리는 살아서 그 나라 영원하리라.

이교도나 교황에 대한 루터의 발언이 다소 과하다는 생각이 든다면 이와 같은 사례들을 반드시 고려할 필요가 있다. 당시는 아주 심각한 시기였다.

루터는 주님을 바라보면서 공동체를 염려하는 마음으로 기도했다. 그것은 우리의 기도가 절대적으로 요구되는 적대적인 불신의 세계에서 삶과 씨름하는 상황적 기도이다. 우리는 현대 세계의 거대한 흐름에 초점을 맞추기보다 범위를 좁혀서 자신의 사소한 존재에 집중하고 있는 게 아닌지 질문을 제기해야 한다. 민족이나 국제적으로 빚어지는 비극적인 상황은 애정 있고 지적인 중보자를 절대적으로 필요로 한다. 오늘날 계속 이름이 오르내리는 일부 영향력 있는 지도자들은 자신을 위해서 기도하는 사람이 전혀 없을 수도 있다. 기도하는 사람들은 그냥 지나치면 안 된다.

둘째, 루터의 기도는 그리스도의 영광에 대한 높은 관심을 반영하고 있다. 첫 번째 간구에 대한 이런 언급은 그리스도의 유일성에 전적으로 헌신한 사내의 심경이 드러나 있다. 당시 수많은 신앙인이 예배 시간에 그리스도의 이름을 불렀지만 그들의 마음은 거리가 멀었다. 그들은 구원의 이름을 그릇되게 사용했다. 구원을 얻으려고 자신의 공적을 의지하거나, 적당하게 값을 치르고서 천상의 투자로 돌려받기 위해서 성인들의 공적을 과도하게 의지했다.

우리가 이런 문제들을 16세기의 부적절한 논쟁으로 치부하고 싶은 마음이 든다면 오늘날 수많은 사람이 유일하신 그리스도를 외면한 채 구원을 얻으려고 다양한 방법을 활용해서 노력하고 있다는 사실을 명심해야 한다. 그들은 선행이나 도덕적 행동, 종교의식이나 교회에 대한 충성을 통해서 구원을 이룰 수 있다는 소망을 높이 평가한다. 말로는 표현하지 않더라도 구원받고 싶은 사람이 세계 곳곳에 자리 잡고 있다. 처음에 루터가 타협하지 않은 채 단순하고 확실하게 발언한 메시지는 오늘날에도 적합하다.

우리가 칭의의 교리라고 부르는 이 견고한 바위는… 우리가 죄, 죽음, 악마로부터 구속받았고, 우리 자신이 아니라(그리고 분명히 우리 공적 때문이 아니라) 다른 존재, 즉 하나님의 독생자 예수 그리스도에 의해서 영생의 참여자가 되었다는 것을 가리킨다.

셋째, 루터의 기도는 현실적이다. 그는 일부 사람이 그리스도와 무관하게 구원에 이르는 또 다른 길이 존재한다고 열심히 주장하는 이질적인 상황에서 살았다. 그가 이교도를 언급한 것은 16세기 이슬람교의 군사적 행동을 의식한 것이지만 동시에 그것은 20세기 후반 이후 격화하는 이슬람 근본주의의 공세와 서구 문화 내부의 다원주의를 연상시킨다. 다양한 신앙을 위한 여러 종교의식의 진행은 1세기의 다원적 환경에서도 사도들이 주 예수에 대한 확신을 공유하던 신약성경의 타협을 모르는 메시지("나로 말미암지 않고는 아버지께로 올 자가 없느니라." 요 14:6)로부터 비극적으로 이탈하는 것이다. 그처럼 선명하게 뒤따르는 그리스도인은 교회 최초의 전도자가 소유했던 확신에 참여하게 된다. 그는 그리스도의 유일하심을 강하게 거부하는 적대적인 청중을 마주하면서도 흔들리지 않고 자신의 확신을 선언했다. "다른 이로써는 구원을 받을 수 없나니 천하사람 중에 구원을 받을 만한 다른 이름을 우리에게 주신 일이 없음이라"(행 4:12).

오늘날 하나님의 이름을 영화롭게 하기 위해서는 구원에 이르는 길이 여럿이라고 주장하는 종교 다원주의가 하나의 선택이 될 수 없음을 즉시 인정해야 한다. 종교의 자유는 당연히 존중되어야 한다.

그렇지 않으면 루터의 동료를 살해하거나 요즘보다 더 교묘하게 박해하는 자들과 같은 취급을 받을 수 있다. 사람들은 제약받지 않고서 종교적 취향을 결정하고 표현할 수 있는 자유를 누려야 한다. 그렇다고 해서 우리 예배의 대상이 누구든지 관계없다거나 모든 종교가 천국을 보장한다는 것은 아니다. 루터는 그것을 이렇게 설명한다. "하나님이 주님이신 그리스도를 찾지 않는 이들은 그분을 만나지 못할 것이다."[3]

루터가 하나님의 이름이 거룩히 여김을 받는 것을 기도하듯 성찰하는 것은 이웃과 동시대 사람들에게 애정 어린 복음적 관심을 표명한 것이다. 그는 이런 기도의 도입부를 변경해서 지금 하나님의 이름을 거룩히 여기지 않는 이들에게는 복음을 전해도 돌아서지 않을 것이라고 하나님께 호소한다. 자신을 위해서 기도하지 않는 이들을 위해서 루터는 주님에게 호소한다. "사랑의 주 하나님, 그들을 변화시키시고 막아주소서. 변화되어야 할 사람들을 변화시키셔서… 주님의 거룩한 이름을 그릇되게 사용하고 더럽히고 영광을 가리고, 불쌍한 이들을 잘못 인도하는 일을 그칠 수 있도록 변화되고 싶어하지 않는 이들을 막아주소서."

루터는 우리가 기도할 때마다 아직 그리스도를 만나지 못하고 하나님을 진정으로 기쁘게 하는 유일한 방법을 모르는, 즉 하나님의 아들을 인생의 유일한 구세주로 인정함으로써 영광을 돌리지 못하는 이들을 특별히 염두에 두어야 한다는 사실을 상기시킨다. 루터는 영혼에 대한 열정을 순수한 그리스도인의 특징 가운데 하나로 간주한다. 그리스도의 생명수를 제아무리 많이 마시더라도 다른 사람의 구원에 대해서 갈증을 느껴야 한다. 루터의 친구였던 젊은 귀족 하르무트 폰 크론베르크(Harmut von Cronberg)는 핵심적인 사람들과 교류하고 복음을 전하면서 관심을 표명하기도 했었다. 이렇게 조심스럽게 시작한 일이 결국에는 용기를 내서 소책자를 출판하는 일에 나서게 했다. 그는 출판에 앞서 루터에게 소책자 한 권(「탁발수도회에 보내는 편지」)을 보냈다. 루터는 회신을 보내면서 개인 전도는 그리스도에 대한 부채를 의무적으로 알리는 것이라고 지적했다.

> 하나님의 이름을 진심으로 받아들이는 사람이 드물고, 다수가 거침없이 박해합니다. …그렇지만 이 고귀한 이름은 절실한 굶주림과 그 무엇으로도 채울 수 없는 갈증을 유발하기 마련입니다. 수많은 사람이 그 이름을 믿고 있지만 우리는 그 누구도 그것을 갈급해 하지 않기를 지금도 바라고 있습니다. 그런 갈증은 휴식을 모른 채 영원히 계속되고 우리가 입을 열어서 말하도록 만듭니다.

언제나 현실적이었던 루터는 폰 크론베르크에게 복음을 전달하고자 하는 이런 갈망은 반대에 직면할 게 분명하다는 것을 주지시킨다.

당신 역시 형제들을 구원하고자 하는 갈망을 지니고 있습니다. 그것은 신앙이 순수하다는 확실한 표지입니다. 당신을 여전히 기다리는 것은 괴로움, 즉 당신의 간절한 발언에 대한 비방, 수치, 그리고 박해뿐입니다.[4]

그리스도의 메시지를 다른 사람들에게 소개하는 이들은 그 말을 들을 뿐 아니라 눈으로 확인할 수 있어야 한다는 것을 잘 안다. 우리 모습이 우리가 하는 말을 제대로 전할 수 있다. 루터는 이발사 베스켄도르프에게 '선하고 거룩한 삶'과 일치하지 않는 '참되고 순수한 가르침'을 떠들어대는 위선으로부터 영원히 구원받을 수 있게 기도하도록 일깨운다.

하나님 나라를 섬기라.
루터는 "나라이 임하옵시며"라는 간구를 묵상하다가 그리스도의 말씀을 그 당시에 박해받던 그리스도의 교회와 연결한다. 일부는 하나님이 허락하신 권위를 남용하며 "세상을 다스리고… 섬기도록 허락하신 권세, 능력, 재물, 영광을 하나님 나라와 맞서겠다는 헛된 생각에" 거침없이 이용한다.
그 기도는 하나님의 선물이 크게 잘못 사용될 수 있다는 사실을 일깨운다. 루터는 교회와 국가에서 리더십을 맡도록 위임받은 일부가 사람을 다스리듯이 하나님께 영광을 돌리지 않는 것을 가슴 아파했다.

그들은 약하고 멸시받는, 그리고 몇 안 되는 하나님 나라의 작은
무리를 괴롭히고 훼방합니다. 하나님께 속한 무리를 용납하지
못할뿐더러 그들을 괴롭히는 것을 대단하고 거룩한 예배로 간주
하기도 합니다.

루터는 동시대 사람들, 특히 하나님의 백성을 거침없이 박해하
기로 마음먹은 사람들의 회심을 다시 한번 호소한다. 그렇지 않을
때 적어도 그리스도에게로 돌아서지 않으려고 하는 이들을 전능하
시고 자비하신 하나님이 제지해달라고 호소한다. 격렬한 박해가 빚
어지고 있는 것은 분명했다. 루터는 특히 목회자들에게는 불가피하
게 고난이 닥칠 수밖에 없다는 것을 알고 있었다. 루터는 95개 조항
을 붙이고 나서 몇 개월이 지난 뒤에 동료였던 벤체슬라우스 링크
(Wenzeslaus Link)에게 보내는 편지에서 이렇게 말했다.

나는 복음을 전하려는 사람은 누구든지 과거의 사도들처럼 모든
것을 단념하고, 언제라도 가리지 않고 죽을 각오를 하는 게 마땅
하다고 세상이 만들어질 때부터 그리스도가 말씀하셨다는 것을
잘 알고 있습니다.

고난을 겪는 이들은 주님과 1세기 당시의 사도들을 뒤따르는 것이다. "복음은 죽음으로 값을 치렀고 죽음으로 널리 전해졌고 죽음으로 보호되었다. …마찬가지로 그것을 보존하고 회복하기 위해서는 많은 죽음이 요구된다."[5]

하나님 뜻에 순종하라.

또다시 루터는 복음을 반대하는 이들을 중재해야 하는 어려움을 겪어야 하는 처지에 놓이게 된다.

주님의 선한 뜻을 인정하지 않는 이들을 변화시키셔서 그들과 우리가, 그리고 우리와 그들이 주님의 뜻을 위해서 살아가고 주님을 위해서 어떤 불의나 십자가나 어려움이든지 간에 기쁘게, 끈기 있게, 달게 감당해서 주님의 인자하고 자비롭고 완전한 뜻을 인정하고 살펴보고 맛볼 수 있게 하소서.

루터는 하나님의 뜻이 자신이 생존하는 동안에 이루어지기를 기도하면서도 남녀가 그리스도 안에서 신앙을 갖는 것은 하나님의 목적과 무관하지 않다고 생각했다. 그뿐만 아니라 그는 하나님의 은총을 제한하려고 하지 않았다. 그는 다소의 사울처럼 박해자들이 구속자 쪽으로 돌아서도록 기도한다.

계속해서 루터는 하나님의 뜻을 따르려는 이들의 경우에는 고난의 길을 피할 수 없다는 확신을 소개한다. 헌신한 신자에게는 불행이 선택사항이 될 수 없다. 우리가 그리스도에게 끝까지 진실하고자 한다면 언젠가는 그 값을 치르게 된다. 그리스도와 하나가 되고자 한다면 반박을 피할 수 없다. 루터는 헌신적인 친구 폰 크론베르크에게 아주 분명하게 말했다. "그리스도가 있는 곳은 어디든지 유다, 빌라도, 헤롯, 가야바와 안나스가 그처럼 불가피하게 그분의 십자가가 될 수밖에 없습니다."[6]

하나님의 공급을 인정하라.

루터는 일용할 양식에 대한 간구에 도달하자 물질적인 먹을거리와 물리적 공급이라는 문제를 넘어서서 인간이 존재하는 데 있어서 생명을 유지하는 모든 차원을 포함하는 쪽으로 적용 범위를 확대한다. 그는 이 간구를 통해 다른 사람들을 보호하는 이들을 위해서 기도하면서 하나님이 "모든 국왕과 지도자들에게… 평온하고 정의롭게 자신들의 영토와 백성을 보존할 수 있게" 해달라고 간구한다. 그는 단순히 군주들이 아니라 사람들을 위해 군주의 신하 모두가 "충성스럽게 순종하는 자세로 섬기도록 그들에게 은총을" 허락해달라고 기도하면서 "도시에 살든지 시골에 살든지 간에 누구나 부지런하고 서로를 사랑하고 성실하게 대하게" 허락해달라는 것까지 기도의 내용에 포함한다.

루터는 거룩한 공동체가 엄청난 축복을 누리고 있다는 것을 알고 있었고, 그래서 자신이 제시하는 매일의 기도 모범에 정치와 사회적인 문제를 포함했다.

요즘 영국 사회는 캐어(CARE: Christian Action, Research and Education)의 봉사자들과 다른 단체들이 국가 복지에 관심을 두고 도우려고 하루도 거르지 않고 탁월한 자료를 제공한다. 그들은 의회의 구성원과 가족들을 위해서 지혜롭게 기도하고, 사회에 걱정스러울 정도로 급속히 번지는 폭력을 평화의 하나님과 함께 중재하고, 정부와 경찰 업무를 담당하는 지도자들, 그리고 어떻게 해야 폭력 범죄의 빈도를 줄일 수 있는지 분명하게 파악하지 못하는 지역 사회의 지도자들을 위해서 기도하도록 격려한다. 그들은 정부와 방송 책임자들에게 잡지나 비디오, 게임과 영화, 텔레비전 프로그램 가운데 폭력적이거나 도덕적으로 수준 낮은 내용을 축소하도록 적절한 조처를 하도록 설득하려고 노력하는 이들을 위해서 기도하도록 우리를 초대한다.

우리는 교육정책을 수립하는 것과 교사로서 봉사하는 이들을 위해서 진리의 하나님께 기도해야 한다. 그들 가운데 상당수가 심각한 문제를 겪고 있으면서도 성장 과정에 있는 많은 어린이를 지도하는 일을 맡고 있기 때문이다. 우리는 안락사를 합법적으로 허용하려고 입법을 추진하려는 이들을 놓고 생명을 허락하시는 창조주에게 기도하지 않으면 안 된다. 우리는 사랑이 많으신 하나님과 함께 집이 없는 수많은 사람을 위해, 그리고 그들을 구조하고 도움을 베푸는 헌신적인 사람들을 위해 중재에 나서야 한다. 우리는 아동 학대, 성적 관용, 인간의 생명과 관계된 의료윤리의 복잡한 문제, 낙태문제 등에 관해서 언제나 우리를 보살피시는 하나님께 간구해야 한다. 루터가 만일 오늘날의 문화를 경험했다면 이런 것들을 매일의 기도 제목 가운데 전면에 배치하고서 외면하지 않았을 것이다.

주님의 기도에 포함된 간구 때문에 영감을 받은 루터는 자기 가족을 위해서도 기도한다. "주님에게 내 집과 재산, 아내와 자녀를 맡깁니다. 그들과 잘 지내게 해주시고 그리스도인으로서 살아갈 수 있도록 도와주고 가르치게 하소서."

그는 사랑스러운 남편이자 훌륭한 아버지였다. 기독교 가정이라는 축복을 소중히 여기던 가정적인 인물이었다. 가정생활에는 음식을 마련하는 데 필요한 돈을 넉넉히 벌어들이고 함께 휴식을 취하기 위해서 시간을 배분하는 것 그 이상이 존재한다고 생각했다. 그는 아내 카타리나와 사랑스러운 자녀들과 더불어서 규칙적으로 기도하는 것을 중요하게 간주했다. 그의 간구는 배우자와 자녀를 위한 중보기도의 중요성을 깨우쳐 준다. 홀로 지내는 사람이라면 자신이 알고 있는 가족들(특히 가정이 파괴될 위험에 처해 있는)을 위해 기도하고, 그리고 오늘날의 세계에서 싱글로 생활하는 그리스도인을 찾아가서 헌신적인 아버지와 어머니를 경험해보지 못한 그들을 위한 '믿음의 부모'가 될 기회를 놓치고 싶지 않을 것이다.

하나님은 이 모든 필요를 채울 정도로 한없이 공급하신다. 사랑을 베풀 기회를 놓치고 싶어 하지 않는 이들이라면 지혜롭게, 그리고 확신하면서 하나님을 찾아가야 한다. 전능하시고 자비하신 하나님이 사회의 온갖 문제를 완벽하게 해결할 수 있다는 믿음을 가져야 한다.

하나님의 용서를 받아들이라.

루터는 "우리 죄를 사하여주옵시고"라는 다섯 번째 간구를 다루면서 개인적인 용서의 필요성과 우리를 해코지할 수 있는 사람에게 용서의 마음을 유지하는 것의 중요성을 강조했다. 그는 "영적으로나 육체적으로나 말로 표현할 수 없을 만큼 베푸신" 선하심에 감사하지 않은 죄를 고백했다. 아울러 우리가 범죄하고 하나님 마음을 아프게 해 놓고도 의식하지 못했던 순간들 역시 용서받아야 한다고 지적한다. "나를 숨은 허물에서 벗어나게 하소서"(시 19:12). 루터는 용서를 돈으로 사거나 획득하거나 공적으로 얻을 수 없다고 강조하면서 하나님이 "우리가 얼마나 선하고 악한지 살피지" 마시고 오직 "그리스도 안에서 우리에게 허락하신 한없는 자비하심으로" 살펴달라고 간구한다.

루터는 더 나가서 우리가 어떤 해를 입는다고 하더라도 누구에게도 악한 감정을 갖지 않는 것이 영적 성장에 얼마나 도움이 되는지 알고 있었다.

우리를 괴롭히고 잘못한 이들을 진심으로 용서하오니 그들을 용서하소서. 그들의 잘못은 주님의 화를 자초해서 자신에게 더할 수 없는 해를 입히고 있습니다. 그들이 멸망하더라도 우리에게는 도움이 되지 않습니다. 오히려 우리와 더불어서 구원받기를 더욱더 기대합니다.

루터는 예민한 목회적 감수성 덕분에 다른 사람의 범죄에 의해서 상처 입은 사람들은 그들을 용서할 수 없다고 생각한다는 것을 알고 있었다. 이런 경우에 그는 용서하지 못하는 이들에게 하나님의 사랑이 넘쳐흐르는 기적이 일어나서 어떤 식으로든지 자신의 삶을 성가시게 하고 해를 끼친 사람들을 용서할 수 있는 은총을 구하는 기도를 하도록 재촉했다. 여기서 그는 우리에게 죄를 범한 이들을 용서해야 하는 이런 간단하지 않은 주제가 '설교와 관계가 있는' 문제라는 메모를 설교자들을 위해서 추가했다.

하나님의 능력을 주장하라.

"우리를 시험에 들게 하지 마옵시고"라는 간구를 설명하면서 루터는 기도하는 신자의 대표적인 원수인 악마를 다시 거론한다. 그는 이 부분을 묵상하면서 그리스도인이 전적으로 헌신하지 못하게 만드는 '두려운 악마'가 세 가지 장치를 활용한다고 말한다. 첫째, 악마는 '마치 모든 것을 얻은 양' 만들어서 나태한 자기만족에 빠지도록 조장한다. 둘째, 악마는 우리의 대표적인 소유인 '소중한 하나님 말씀'을 앗아간다. 그리고 끝으로, 신자들 사이에 '다툼과 파벌을 형성'하게 한다.

루터는 말씀에 부지런히 관심을 두고 부단히 성령님을 의지할 때만 악마를 물리칠 수 있다고 생각했다. 그는 이 소박한 기도 안에 원수의 활동과 전혀 상반된 성령님의 왕성한 역사를 정교하게 배치했다. 삶 속에서 활동하는 악마 때문에 좌절하는 그리스도인들은 '무관심하거나 나태하거나 늘어지지' 않도록 '말씀을 따르고 의식하며 갈망하고 게으르지 않기' 위해 루터와 함께 기도한다.

그는 그리스도인에게 있어서 최악의 상황은 영적인 생활을 하면서 할 수 있는 모든 것을 성취했다고 상상하는 것이라고 말한다. 모든 신자는 조심스럽게 영적으로 기대하면서 길을 재촉해야 한다. 계속되는 도전에 응답하고 새로운 기회를 놓치면 안 된다. 최악의 상황은 어떤 식으로든지 우리가 목적지에 도달했다고 생각하는 것이다. 루터는 클레르보의 베르나르(Bernard of Clairvaux)가 보여준 본보기를 몹시 존경했다. 그는 "진보하기를 포기할 때부터 선해지는 것은 불가능하다"라는 베르나르의 말을 특히 좋아했다. 루터가 이해하는 그리스도인의 삶은 역동적이다. 신자는 계속 움직여야 한다. 활기차게 길을 가지 않는 이들은 서서히 뒤처진다. 루터는 그리스도인은 누구든지 "하나님의 방식대로 앞으로 나가지 않으면 뒤로 돌아서게 된다"라고 주장했다.

루터는 훌륭한 그리스도인을 양육하려고 일평생 노력했다. 하나님은 탁월한 조각가처럼 작업을 처음 시작할 때부터 형태가 드러나지 않았거나 심지어 가망성이 전혀 없는 소재를 대하더라도 무엇을 제작할 것인지 마음의 눈으로 확인하실 수 있다. 루터를 뛰어나게 해석하는 어느 학자는 이렇게 설명한다. "위대한 예술가가 다듬어지지 않은 대리석에서 완성된 조각상을 바라보듯이 하나님은 직접 의롭게 만드신 죄인 안에서 그를 가지고 만들어 갈 의인을 이미 바라보고 계신다."[7]

이처럼 지극한 정성이 요구되는 작업은 일평생 지속되기 때문에 그저 그런 그리스도인의 삶에 만족해서 정착하는 것은 최악의 상황이다. 주님은 우리가 더 높고, 더 괜찮은 수준으로 전진하도록 계속해서 부추기신다. 악마는 잠과 자기도취에 빠지게 만든다. 은총 속에서 성장하고 싶어 하는 그리스도인은 하나님의 은총을 즉시 완벽하게 경험하게 된다. 그들은 찬송가의 가사처럼 하나님을 찬양한다. "아직 경험하지 못한 온갖 은총을 허락하신 주님에게 영광을 돌립니다."

보잘것없는 우리 자원만 의지하게 되면 진전은 불가능하다. 신자는 말씀의 능력과 성령의 역사를 전적으로 의지한다. 하나님 말씀은 우리를 가르치고 바로잡고 격려하고 영감을 불어넣는다. 하나님의 영은 악마와 다투는 우리에게 능력을 허락하시고, "당당하게 악마와 맞서고 승리를 거둘 수 있도록… 지혜와 능력을" 베푸신다.

우리가 시험을 이겨내기 위해서는 지혜와 능력이라는 두 개의 자질을 반드시 갖춰야 한다. 지혜는 성령님이 주신 기록된 말씀을 통해서 전달된다. "오직 성령의 감동하심을 받은 사람들이 하나님께 받아 말한 것"(벧후 1:21)이기 때문이다. 그 말씀 때문에 지혜롭게 된 우리는 바른 게 무엇인지 알게 되고, 성령님은 바른 것을 실천할 수 있는 도덕적 활력을 보장하신다.

하나님의 도움을 구하라.

일곱 번째 간구인 "다만 악에서 구하옵소서"를 통해서 루터는 그 시대의 '위험, 불확실함. 원한과 불신'을 성찰한다. 당시는 삶이 벅찼고 위험한 유혹이 많았다. 대부분에게 인생은 '괴로움과 재앙'이었다. 하나님 말씀에 충성하기 위해서 더할 수 없는 값을 치른 것은 앞에서 소개한 두 명의 순교자만이 아니었다. 1520년에 루터의 교훈을 비난하는 교황의 교서(「주여, 일어나소서」(Exsurge Domine))가 내려진 직후 처형이 진행되기 시작했다. 교서는 2개월 안에 철회하지 않으면 정죄될 것이라는 내용을 담고 있었다. 1523년 여름, 종교개혁자의 메시지를 듣고 변화된 두 명의 수도사가 브뤼셀에서 화형에 처해졌다. 이듬해 루터는 동료 게으로그 스탈라틴(George Spalatin)에게 빈의 상인이었던 카스파르 타우버(Caspar Tauber)의 처형을 "하나님 말씀을 전한 것 때문에 참수되어 화형을 당했다"라고 서신으로 알렸다. 루터의 저서를 배부하는 이들이 특히 위험했다. 부다페스트에서는 도서를 판매한 어느 그리스도인이 "그의 저서에 둘러싸인 채 화형을 당했지만 그는 주님을 위해서 용기 있게 고통을 감수했다."

루터는 생명이 위협을 받는 그런 상황을 염두에 둔 채 자신과 동료들이 "죽음을 마주해도 두려워하거나 낙심하지 않고 흔들림 없는 믿음으로" 자기 영혼을 하나님 손에 맡길 수 있게 기도했다. 이 세상에서는 용기를, 내세에 대해서는 확신을 가질 수 있게 기도하는 감동적인 간구였다.

오늘날에도 그리스도인 가운데 일부는 그리스도 때문에 생명의 위협을 받는다. 위험한 상황에서 그리스도를 증명하는 사람들은 더 안전한 세계에 사는 동료 그리스도인들의 기도와 후원이 필요하다. 중국의 일부 그리스도인은 '십자가 아래서' 살아가는 게 무엇인지 알고 있고, 다른 국가에서도 동료 그리스도인이 예수님 때문에 일터에서 쫓겨나고 투옥되고 포로가 되고 생명을 잃고 있다. 순교는 과거의 일이 아니다. 영웅과 같은 사람들이 주님 때문에 고통을 겪고 있다. 그들은 같은 하늘 아래서 만날 가능성이 없는 사람들의 기도 덕분에 계속해서 견뎌 나갈 수 있다.

기도할 때 결코 혼자가 아니다

루터는 주님의 기도의 일곱 가지 간구에 대한 묵상을 마치며 친구에게 기도할 때마다 하나님의 임재 앞에 고독한 수행자처럼 무릎 꿇으면 안 된다고 강조했다. 루터는 기도의 장소에서는 외로움이 할 수 있는 게 전혀 없다고 주장한다. 하나님은 그 누구도 입을 떼지 않기나 하는 듯이 기도하는 사람에게 의도적으로 귀 기울이신다. 하지만 하나님은 모르는 게 없으시고 어디나 계시고 무엇이든 가능해서 모두의 기도를 환영하신다. 기도하는 순간에는 물리적으로 누군가 함께하지 않더라도 하나님 앞에 나가면 결코 혼자가 아니라는 것을 깨닫고서 용기를 낼 수 있다.

> 당신이 홀로 무릎을 꿇거나 서 있다고 생각하지 말고 기독교 국가 전체, 경건한 그리스도인 모두가 당신 옆에 서 있으며 당신이 그들과 함께 힘을 합쳐서 하나님이 외면하실 수 없는 간구를 하고 있다는 것을 떠올려야 합니다.

이 작은 책을 가지고서 유배지에서 홀로 지내던 페터 베스켄도르프에게 이 하나의 문장이 얼마나 큰 위로가 되었을지 우리는 짐작할 수 없다. 어쩔 수 없이 가족과 떨어져 지내고 경솔한 행동을 뉘우치며 기도하던 그는 한 번도 본 적이 없는 신자들이 자신을 둘러싼 채 합심해서 용서, 평화, 희망을 불어넣고 있다고 생각하지 않을 수 없었다.

반드시 응답의 확신을 가지라

루터가 기도에 관해서 확실하게 소개한 또 다른 내용은 눈으로 볼 수 없는 수많은 기도의 사람이 함께할 뿐 아니라 기도가 응답된 다는 확신이었다. 그는 기도를 마무리하면서 자신 있게 '아멘'을 덧붙이라고 권한다.

자비하신 하나님이 당신에게 분명히 귀를 기울이시고 당신의 기도에 "그렇게 하겠다"라고 말씀하신다는 사실을 어떤 경우에도 의심하면 안 됩니다. …다음과 같이 결론을 내리지 않은 채 기도를 그치면 안 됩니다. "정말 하나님이 내 기도를 들어주셨다. 나는 이것을 확실하게 흔들림 없이 믿는다." 이것이 바로 아멘의 의미입니다.

기도하는 사람은 기도할 때 외로움을 느껴서는 안 된다. 그들은 눈에 보이지는 않지만 확실한 신자 무리에 둘러싸여 있기 때문이다. 헛된 기도를 하고 있다고 낙담할 필요도 없다. 도움이 필요한 자녀의 부르짖음에 귀 기울이는 사랑스러운 아버지가 일일이 관심을 두고 기도를 들으시기 때문이다. 사랑스러운 아버지는 자녀들의 무엇보다 간절한 기도 그 이상으로 그들과 대화하고 싶어 하신다.

무엇보다 성령이 강력히 역사하신다

기도에는 말하는 것 그 이상이 존재한다고 루터는 강조한다. 그리스도인이 하나님을 만날 때는 조심스럽게 그분의 말씀을 듣는다. 루터는 우리가 기도하는 동안에 우리 교사가 되시는 성령님은 무엇보다 강력하게 사역을 진행하신다고 생각한다. 우리는 지나치게 말을 많이 하거나 잘 정리된 기도문을 활용하는 식으로 기도를 혼란스럽게 만들면 안 된다. 그때는 주님의 기도 역시 도움이 되지 않는다. 우리는 미리 만들어진 기도의 틀을 따라서 다음 단계로 넘어가기에 바쁘다 보니 하나님이 우리와 함께 나누고 싶어 하시는 것을 간과하기도 한다. 그래서 루터는 우리가 주님의 기도 가운데 한 가지 내용의 도움을 받아서 기도하다가 '괜찮은 생각들이 쏟아지면' 이렇게 하라고 조언한다.

나머지 간구를 미뤄둔 채 그런 생각에 필요한 여유를 갖고, 침묵하면서 귀를 기울이되 무슨 일이 있더라도 가로막아서는 안 됩니다. 이 순간에 성령님이 교훈을 주시기 때문에 그분의 한마디 가르침은 우리가 수천 번을 기도하는 것보다 훨씬 더 낫습니다. 많이 읽고 깊이 생각해서 깨우치는 것보다 한 번의 기도로 더 많은 것을 깨달을 때가 많습니다.

루터는 스가랴 선지자의 메시지를 학생들에게 강의하면서 말했다. 만일 우리 기도가 하나님께 전달되기를 바란다면 "무엇보다 주님의 말씀에 귀를 기울여야 한다. 그렇지 않으면 눈물 흘리며 부르짖더라도-눈물을 쏟고 울부짖어도-귀를 기울이지 않으실 것이다."[8]

하나님을 경홀히 여기지 말라

유머 감각이 뛰어난 루터는 기도하면서도 무슨 말을 하는지 그다지 신경 쓰지 않는 바르지 못한 기도 습관을 지적하면서 아주 탁월하게 유머를 활용한다. 그런 비판에서 자유로운 사람은 거의 없다. 핵심을 지적하기 위해서 그는 분주한 신부와 부주의한 이발사를 예로 들어 설명한다.

분주한 신부는 직접 처리해야 할 일정한 규모의 종교적인 업무 때문에 집에서 기도하면서도 마음은 다른 곳에 가 있어서 계속 다른 문제에 매달린다. 그는 익숙하게 말을 쏟아내고 미리 정해진 표현을 쉽게 말하지만 실제로는 기도를 마칠 때까지 집에서 부리는 일꾼들이 시간을 허비하는 일이 없도록 집안의 허드렛일에 머리를 굴리느라 정신이 없다. 루터는 조롱하는 비판자가 아니라 위험을 알고 있는 사람처럼 상황을 설명한다.

쓸데없는 말을 하고 이런저런 생각을 하는 것보다 하나님을 시험하는 게 또 있겠습니까? 그것은 이렇게 기도하는 신부와 다르지 않습니다. "하나님이여 속히 나를 건지소서. 일꾼아, 말은 풀어놓았느냐? 여호와여, 속히 나를 도우소서. 하녀야, 나가서 우유를 짜 오거라. 성부와 성자와 성령께 영광이 있으라. 아이야, 눈썹이 휘날리도록 급히 서둘러라!"

루터는 이렇게 덧붙인다.

교황을 따르던 시절 많은 사람이 그렇게 기도하는 것을 들었습니다. 그들의 기도는 대개 그런 식입니다. 이것은 하나님을 모독하는 일입니다. 올바로 기도하거나 집중할 수 없다면 노는 편이 더 낫습니다.

루터는 그런 종류의 경험을 머릿속에서 떨쳐낼 수 없었다. 그는 젊은 수도사 시절에 로마를 처음 방문한 때를 아주 고통스럽게 떠올렸다. 당시에 엄청난 특권 의식에 압도되었지만 대중 예배 시간에 진심이 담긴 기도를 하고 싶어 했다. 하지만 성 베드로 성당 내부에 있는 이탈리아 출신 동료들에게서 인내심은 찾아볼 수 없었다. 그는 기도를 신속하게 마무리하지 못했다. 동료들이 그에게 "파싸, 파싸"라고 소리를 질러댔다. 빨리 끝내라는 뜻이었다.

그런데 루터는 너무 정직하다 보니 다른 사람을 비난할 수 없었다. 그는 자신도 마찬가지로 경건하지 못한 기도를 하던 순간이 있었다고 인정했다.

안타깝게도 나 역시 대부분 그렇게 기도 시간을 보냈고, 기도를 시작한 것인지 아니면 진행 중인지 깨닫기 전에 찬양이나 정해진 시간을 끝냈습니다.

물론 루터는 모든 사제가 자신이 말한 것처럼 '일거리와 기도를 뒤섞지는' 않는다는 것을 알고 있었다. 하지만 우리 가운데 일부처럼 주의가 산만하다는 말을 듣는 것은 아니더라도 속으로는 그렇게 생각한다.

그들은 이런저런 생각을 하다 보니 기도를 끝마치고 나서도 자신들이 무슨 행동을 했고 무엇을 말했는지 알지 못합니다. 찬양으로 시작하다가도 곧장 바보의 낙원을 향해서 달려갑니다.

갈피를 잡지 못하는 우리 마음을 누구든지 볼 수 있게 대형 스크린에 투사한다면 얼마나 당황스러울까! "차갑고 번잡한 마음으로 기도하는 순간 무슨 일이 벌어지고 있는지 의식하지 못하는 사람은 그보다 터무니없는 말장난이 있을 수 없다는 것"을 거의 파악하지 못한다. 루터는 기도를 시작할 때부터 마치는 순간까지 그 내용과 생각을 남김없이 기억하는 게 얼마나 중요한지 모른다고 말한다.

루터는 두 번째 사례에서 페터 베스켄도르프와 그의 직업을 직접 염두에 두고 있다. 주의를 집중해야 할 필요성을 강조하기 위함이었다.

> 마찬가지로 솜씨 좋고 몰입하는 이발사는 생각과 관심과 시선을 면도칼과 머리카락에 고정한 채 면도와 이발이 얼마나 진행되었는지 계속 주시합니다. 만일 그가 대화에 너무 자주 끼어들거나 마음이 심란하거나 다른 곳을 바라본다면 손님의 입이나 귀, 아니면 목에 상처를 입힐 수도 있습니다.

베스켄도르프는 부주의한 이발사가 목에 상처를 입히는 장면을 연상하고 웃음을 터뜨렸겠지만 루터는 "그러니 무슨 일이든지 제대로 처리하려면 무엇 하나 놓치지 말고 제대로 주의를 집중해야 합니다"라고 지적하면서 핵심을 강조한다. 그는 익숙한 말을 인용한다. "잡다하게 생각하는 것은 전혀 생각하지 않는 것이라서 도움이 되지 않는다." 따라서 "좋은 기도가 되기 위해서는 한 가지에 집중하는 마음이 얼마나 필요한지" 알 수 없다.

이 대목에서 루터는 주님의 기도가 지닌 강점을 강조하고 위험성을 드러내면서 자세하게 검토한다. 그는 그것에 질려본 적이 없었다. 아기처럼 그것을 마시고 어른처럼 먹고 마셨다. "정말 뛰어난 기도이고 시편보다 훌륭합니다. 나는 그 기도를 아주 소중하게 생각합니다."

기도의 틀을 잡기 위해 주님의 기도를 활용하면서 그는 한 번도 후회한 적이 없었다. 그는 주님의 기도를 이해하지 못해서 어려움을 겪지 않았다. "살아계신 주님이 직접 가르쳐주신 게" 분명하기 때문이다. 어렵다면 그것을 활용하는 사람들의 몫이다. 대단한 문장들을 허겁지겁 넘어가다 보니 엉망이 되고 만다. "대단한 주님의 기도가 세상에서 제대로 대접을 못 받으니 정말 안타까운 일입니다!"

"한 해 동안 주님의 기도를 수천 번씩 하는 사람이" 많지만 "그들이 그렇게 천 년을 반복한다고 해도 그 기도를 일점일획도 맛보지 못했거나 기도하지 않은 것일 수" 있다는 것은 비극이다. 루터는 이렇게 평가한다. "주님의 기도는 지상에서 최고의 순교자입니다. 누구든지 고문하고 학대합니다. 제대로 사용해서 위안과 기쁨이 되는 경우는 드물기만 합니다." 그는 생각하지 않는 사람들의 기도에 반복해서 등장하는 하나님의 이름 역시 마찬가지일 수 있다고 말한다. 하나님이라는 낱말은 더욱 심해서 거기에 포함된 무한한 가치를 철저하게 무시하고 그냥 떠들어댄다는 것이다.

끊임없이 기도의 능력을 추구하라

루터는 계속해서 자기 기도 습관을 소개한다. "주님의 기도를 검토할 수 있는 시간과 기회를 가졌으니" 십계명 역시 '네 개의 가닥으로 삼아서 화관을' 만들겠다는 것이다.

첫째, 나는 각각의 계명을 실제로 의도가 담겨 있는 가르침으로 생각하고, 주 하나님이 내게 아주 간절히 요구하시는 내용으로 간주합니다. 둘째, 나는 십계명을 감사기도로 표현합니다. 셋째는 고백입니다. 넷째는 기도입니다. 이것을 다음과 같이 생각이나 글로 표현할 수 있습니다.

루터는 기도의 이런 네 가지 부분을 네 권의 책, 즉 '배움의 책, 찬양의 책, 참회의 책, 기도의 책'으로 삼아서 검토한다. 그는 계명을 일일이 묵상하면서 이런 내용이 마음을 가다듬게 하고 찬양하게 하고 죄를 고백하게 하고 기도하게 하는 절차를 확인한다.

그는 이 사중적 구도를 기계적으로 활용하거나 계명 하나하나에 얽매이면 안 된다고 한 번 더 주장한다. "이 모든 것을 그대로 지키겠다고 보증하지 않도록, 영적으로 지치지 않도록 조심해야 합니다." 기도의 가치는 길이와 무관하다. 기도는 얼마나 의지하는지, 얼마나 신실한지에 따라서 평가받는다. "좋은 기도는 길게 오래 하지 않고 뜨겁게 자주 합니다."

루터는 네 권의 책과 같은 구조를 "마음의 불을 붙이는 데" 사용한다고 말한다. 묵상하거나 기도하는 동안에 가슴이 뜨거워지고, 마음이 자극받아서 의지가 행동에 나서게 될 때는 한 개의 계명을 계속 붙잡거나 일부에만 집중하는 것으로도 충분하다. 그는 묵상의 과정에서 성령님의 역할을 일차적으로 부각한다. 그분은 우리의 탁월한 교사가 되신다. 성령님은 "하나님 말씀을 통해서 우리 마음이 깨끗해지고 쓸데없는 생각과 관심이 사라지는 순간에 이것을 우리에게 허락하시고 계속해서 교훈하십니다."

주님의 기도와 마찬가지로 루터는 계명으로 이루어진 네 권의 책에 필요한 자료를 어떻게 끌어내고, 묵상 과정에서 드러난 진리를 어떻게 진술할 수 있는지 일련의 사례를 제시한다. 루터가 설명한 것을 그대로 반복하지 않더라도 주제를 전개하는 방법을 보여주는 몇 가지 사례를 통해서 도움을 얻을 수 있다.

가르침, 감사, 고백, 기도라는 네 권의 책에 해당하는 자료를 확인하기 위해서 루터는 첫 번째 계명을 검토하기 시작한다. "나는 네 하나님 여호와니라… 너는 나 외에는 다른 신들을 네게 두지 말라."

이 구절을 거론하는 배움의 책은 하나님의 위대하심과 특별하심을 주장한다. 그것은 종교개혁자에게 "무슨 일이든지 하나님을 진정으로 신뢰하기를" 기대하고 루터의 하나님이 되는 게 하나님의 "가장 큰 소원이라는 것"을 가르쳐주었다. 그런 관계에는 절대적인 충성이 요구된다. "내 마음은 다른 것을 의지하거나 그 어떤 것도 신뢰할 수 없는데, 부유함이나 체면, 지혜, 권세, 경건이나 그 무엇도 마찬가지입니다."

루터의 개인적인 찬양의 책에 포함될 수 있는 찬양 주제는 진정으로 자비하시고 신뢰할 수 있는 하나님께 감사하는 것이다. 그는 이렇게 감사한다.

나는 하나님의 한없는 동정에 감사합니다. 그분은 아버지처럼 나를 찾아오시고, 부탁이나 요구가 없어도 공로를 내세우지 않으시면서 나의 하나님이 되어주시고, 필요한 순간마다 위로와 보호와 도움과 능력을 베풀어주십니다. …어찌 그분에게 영원히 감사하지 않을 수 있겠습니까!

루터는 이 계명을 의지해서 참회의 책에 "나는 평생 아주 탁월한 교훈과 아주 소중한 선물을 어리석게 멸시하고 헤아릴 수 없을 만큼 우상을 숭배해서 하나님의 분노를 크게 자극한 죄를 저지르고 은혜를 저버린 것"을 기록한다. 그는 이런 죄를 고백하고 용서를 구하는 기도를 한다.

이 첫 번째 계명을 통해서 영감을 받은 종교개혁자의 기도 책은 이런 교훈을 "하루도 거르지 않고… 더 자세히 익히고 이해하고, 그것들을 진심으로 확신하면서 살아갈 수" 있도록 하나님께 간구한다.

그는 이렇게 기도한다.

내 마음을 지키셔서 또다시 잊어버리고 감사를 잊는 법이 없게 하소서. 다른 신이나 세상의 위로나 어떤 피조물을 따르지 않게 하시고, 나의 유일한 하나님이 되시는 주님만 진정으로 좇을 수 있게 하소서. 사랑하는 하나님 아버지에게 아멘을 돌립니다. 아멘.

계속해서 루터는 하나님의 이름을 헛되이 부르지 않는 것과 관련된 계명을 거론하면서 배움의 책에 따르면 자신의 명예나 이름을 자랑하거나 추구해서는 안 된다고 주장한다. 이 교훈은 우리의 거만함과 자기주장을 비난한다. 진정한 신자는 뛰어난 하나님이 자기 하나님이라는 것을 "자랑과 영광"으로 삼는다.

여기서 찬송의 책은 우리가 하나님의 이름 덕분에 하나님의 종, 피조물, 자녀, 대사라는 이름을 가질 수 있으니 즐거워하며 엄청난 특권을 의식하라고 격려한다. 이 계명에 따르면 우리가 삶 속에서 온갖 것을 경험할 때 하나님의 특별한 이름은 "의로운 사람이 피신해서 보호받는 강력한 성과 같은 피난처가" 되어준다는 것에 역시 감사하라고 교훈한다.

여기서 고백의 책은 루터가 "이 계명을 대수롭지 않게, 그리고 부끄럽게" 어겼을 뿐 아니라 생각하고 말할 수 있게 허락하신 하나님의 선물에 감사하지 않았고 "수치와 죄악을 좇느라 그분의 이름을 더럽히고 거짓을 말하고 배반하면서 잘못 사용했다"라고 인정한다.

그의 기도 책에는 "이후로 이 계명을 배우고(순종하고), 하나님의 이름을 거부하거나 감사를 모르거나 악용하거나 죄를 범하지 않고 그분의 이름을 존중하고 영광스럽게 대하면서 감사할 수 있는 도움과 능력"에 대한 간구가 포함되었다.

루터는 나머지 계명 역시 일일이 같은 방식으로 검토한다. 경건하게 익숙한 내용을 묵상하면서 그는 각각의 계명으로부터 네 가지 책에 필요한 내용을 한층 더 끌어낸다. 성령님은 거듭해서 그의 마음에 "불을 일으키셔서" 가르침대로 하나님을 경배하고 용서를 받아들이고 능력을 추구하도록 줄곧 귀를 기울이게 만드셨다.

그는 책의 마지막 부분에 십계명처럼 사도신경을 가지고서 네 가닥의 화관을 만드는 방법을 보여주는 실제 사례를 포함했다.

성삼위 하나님을 신뢰하고 의지하라

기도는 단순히 배우고 감사하고 고백하고 요청하는 게 아니다. 기도는 하나님의 임재 안에서 우리가 그분에 대해 믿는 모든 것에 감사하고 인정하는 것이다. 16세기 종교개혁 시대에는 교리를 인정하고 가르치는 게 아주 중요했다. 루터는 가톨릭의 교리를 단순히 비난만 해서는 전혀 도움이 되지 않는다는 것을 알고 있었다. 개신교인은 자신의 진정한 신앙을 공개적으로 밝혀야 했다. 그 때문에 루터는 사도신경의 세 가지 위대한 주제, 즉 창조주 하나님, 구속자 그리스도, 거룩하게 하시는 성령님을 묵상하는 것으로 자신의 저서 마지막 부분을 마무리했다.

하나님에 대한 확신

루터는 "전능하사 천지를 만드신 하나님 아버지를 내가 믿사오며"라는 문장을 묵상하는 순간에 하나님의 성품, 인간의 본성("당신이 누구이며 당신이 어디에서 왔고"), 놀라운 창조("당신은 하나님의 피조물이고 손수 만드신 작품")처럼 묵상해야 할 주제가 계속해서 솟아났다. 우리가 이 교훈을 살펴보기 위해서는 우리를 만드시고(창조자) 사랑하시는(아버지) 하나님께 전적으로 신세를 지고 있음을 명심해야 한다. 우리는 스스로에 대해서 "…아무것도 아니고 아무것도 할 수 없고 아무것도 알지 못하고 아무것도 해낼 수 있는 능력이" 없다고 생각해야 한다. 하나님은 우리를 만드실 때 감사하게도 숨을 쉴 수 있게 하셨다. 그래서 "하나님은 언제든지 멸망시킬 수 있는 창조자"이시다.

찬양의 책에 포함된 찬양의 주제가 되는 사도신경의 이 주제 덕분에 우리는 "하나님이 아무것도 없는 상태에서 창조하시고 아무것도 없는 상태에서 매일의 필요를 제공하시니 감사할 수밖에 없습니다. …우리를 몸과 영혼과 지능과 오감을 소유한 아주 탁월한 존재로 만드셨고", 인간이 특별한 피조물이라는 것을 용기 있게 감사할 수 있다.

이 진리는 우리 고백의 책에 한 가지 내용을 포함하도록 요구한다. 우리는 "사고할 줄 모르는 짐승보다 더 어리석게 믿음과 감사하는 마음을 갖지 못했음"을 탓해야 한다. 우상 숭배와 감사를 모르는 마음은 죄 가운데서 단연 으뜸이다. 하나님을 하나님으로 인정하지 못하고, 그에 따른 공백 상태에서 하나님 자리에 자신을 올려놓는 것이다. 고든 럽(Gordon Rupp)의 말을 빌자면 이 종교개혁자는 "인간의 재앙이 감사를 모르는 상태에서 비롯된다고 주장한다." 루터는 이렇게 경고한다. "지옥의 단계에는 순서가 있다는 것에 주의해야 한다. 첫째는 감사하지 않는 것이다. …둘째는 허영심, 즉 혼자의 힘으로 살아가는 것이다."[9]

감사를 모르는 마음이 우상 숭배로 흐르고 자기 숭배가 최악의 효과를 발휘하는 우상 숭배로 바뀌는 것은 순식간의 일이다. 우리는 자기 생각을 떠받들고 고집 피우고 욕구를 충족하느라 정신을 놓게 된다. 로마서를 주석하면서 루터는 이렇게 설명한다.

성경에 따르면 인간은 자신을 위해 혼자 힘으로 신체적으로는 물론 영적인 것까지 악용할 정도로 자신을 왜곡했습니다. …인간은 다른 모든 것보다, 심지어는 하나님보다 자신을 사랑합니다. …(인간은) 최종적으로, 그리고 궁극적으로 자신에게만 관심

을 가졌고… (그리고 육체는) 그 자체만 사랑하고 다른 모든 것, 심지어 하나님까지 이용합니다.[10]

신자들은 이 신앙고백의 내용을 염두에 두고 자신을 살펴야 한다. 기도 책에는 우상 숭배를 벗어나서 '진솔하고 확신하는 신앙'을 가지고 아낌없이 주시는 창조자를 즐거워하고 자비하신 아버지를 신뢰한다는 간구를 포함해야 한다.

그리스도 안에서의 평안

루터는 그리스도와 특별한 구속 사역에 관한 두 번째 주제를 다루면서 신자들의 확신에 특히 관심을 집중한다. 그리스도인의 구원에 관한 가톨릭의 확실하지 않고 모호한 태도와 극명하게 대조를 이루는 개신교의 확고한 교리가 여기에 자리 잡고 있다. 하나님이 우리 창조자라는 사실을 인정한다면 그와 마찬가지로 그리스도가 우리 구세주이며 구속자가 된다는 것을 알 수 있다.

사도신경의 첫 번째 부분에서 당신을 하나님의 피조물 가운데 하나로 간주하고 의심하지 않았듯이 자신을 구속받은 사람 가운데 하나로 인정하고서 전혀 의심하면 안 됩니다. 가령, 다른 무엇보다 한 개의 낱말, 즉 예수 그리스도, 우리 주님을 강조해야 합니다. 우리 때문에 고통을 겪으셨고 우리 때문에 죽으셨고 우리 때문에 살아나셨습니다. 이 모두가 우리를 위한 것이고 우리와 관계가 있습니다. 이 '우리' 안에는 하나님 말씀이 선언하듯이 당신 역시 포함됩니다.

배움의 책에 포함된 그리스도인의 확신에 관한 위대한 진리는 찬양의 책이 감사의 찬송을 전달한다는 사실을 분명하게 보장할 것이다. 덕분에 우리는 흔들림 없는 믿음을 가진 그리스도인처럼 '그런 은혜에 진심으로 감사하고 구원을' 즐거워할 수 있다.

고백의 책에는 우리가 은총과 확신에 대한 이런 소식을 심각하게 의심하고, 어리석게도 스스로 구원을 얻어낼 속셈으로 '무익한 선행'을 의지하던 순간을 진심으로 슬퍼하는 내용이 기록될 것이다.

기도의 책에 거론되는 내용은 지금부터 세상이 끝나는 날까지 그리스도 안에서 "진실하고 순수한 믿음으로" 보존될 수 있도록 하나님의 도움을 구하는 것이다.

성령님을 의지하는 삶

루터는 거룩하게 하시는 성령님의 사역에 관한 세 번째 주제를 묵상하면서 교회에 속한 하나님의 구속받은 사람의 삶에 초점을 맞춘다. 그는 개인주의로 흐를 수 있는 신앙생활의 공동체적인 측면을 정확하게 부각한다. 구원은 개인적인 용어로 이해하는 게 당연하다. 루터보다 일관되게 주장한 사람은 아무도 없다. 갈라디아서 2장 20

절("나를 사랑하사 나를 위하여 자기 자신을 버리신")에 기록된 바울의 발언에 대한 루터의 주석이 대표적이다.

> 그러므로 아주 간절하게 '나'와 '나를 위하여'라는 낱말을 읽고 난 뒤에는 확실한 믿음에 의지해서 마음속으로 이 '나'를 살펴보고 각인하되, 당신이 이 '나'라는 낱말에 포함된 구성원이라는 것과 그리스도가 베드로와 바울을 사랑해서 그들을 위해서 자신을 주셨을 뿐 아니라 우리 역시 이 '나'에 포함하는 같은 은총에 도달할 수 있고 우리에게 전해진다는 것을 의심하지 않으면서 내적으로 실천해야 합니다.[11]

하지만 루터는 개인 구원을 아주 분명하게 확신했지만 그것을 통해서 개인의 구원이 가능하다고 주장하는 잘못을 범하지는 않았다. 그리스도에 속하는 것은 그의 지체, 즉 교회의 일부가 되는 것이다. 따라서 기도에 관한 루터의 안내서는 "거룩한 그리스도인의 교회가 존재하는 곳에서 매일 죄를 용서하심으로써 우리를 거룩하게 만드시는 창조자 하나님, 구속자 하나님, 성령 하나님을 만날 수 있습니다"라는 조언으로 끝을 맺는다.

루터는 당연히 교회를 "이런 신앙에 관한 하나님 말씀을 올바르게 전달하고 고백하는 곳"으로 정의하려고 한다. 그는 이발사 친구에게 말한다. "게다가 여기서는 성령님이 매일 교회에서 역사하시는 모든 것을 오랫동안 깊이 생각하는 시간을 가질 수 있습니다."

찬양의 책 서두에는 우리 역시 '교회로 부름을 받았고, 찾아오게 된 것'에 대한 찬송을 포함해야 하겠지만 고백의 책은 '모든 것을 외면하면서 믿음과 감사하는 마음을 갖지' 못하던 때를 뉘우친다.

루터는 점차 드세지는 반대와 박해에 직면한 독자들이 확고한 충성심과 강인함을 충분히 유지할 수 있게 간구해야 한다고 생각했다. 그의 마지막 발언이 기도의 책 앞부분이 될 수 있다. 그는 이렇게 자기 독자에게 부탁한다.

죽음으로부터의 부활을 넘어서서 영원한 삶을 누리고 지속하는 곳에 다다를 때까지 진실하고 흔들림 없는 믿음을 유지하도록 기도해야 합니다. 아멘.

페터 베스켄도르프가 루터라는 손님으로부터 이 작은 책을 처음 받았을 때는 생활하는 데 별다른 어려움이 없었다. 안락한 집, 평안한 가족, 어느 정도 성공적인 사업, 많은 친구와 루터의 뛰어난 강해 사역 덕분에 정기적으로 신앙이 양육되고 도움받았던 교회가 가까이 있었다. 이 모든 것이 순식간에 사라졌다. 삭막한 유배생활을 하는 그가 할 수 있는 것이라고는 자신을 하나님께 철저히 바치고 루터가 집필한 책이 일러주고 자극하고 격려했던 것처럼 신앙을 갖는 게 전부였다.

루터의 「단순한 기도의 방법」은 그에게 성경을 기계적으로 혹은 서둘러서 읽는 게 아니라 조용하게 묵상하듯이 그의 네 가지 책(배움의 책, 찬양의 책, 참회의 책, 기도의 책-옮긴이)을 충족하는 기도를 할 수 있도록 성경에서 풍성한 자료를 발견하도록 소개했다. 다른 모든 그리스도인처럼 페터 베스켄도르프는 하나님의 교훈에 민감한 마음, 그분의 축복에 감사하는 마음, 잘못을 인정하는 회개하는 마음과 하루도 거르지 않고 성장하는 데 필요한 신선한 은총을 구하는 지혜가 필요했다. 가톨릭 역사학자인 요제프 로츠(Joseph Lortz)는 종교개혁자의 영성을 설명하며 이렇게 말한다.

> 루터는 강력한 기도의 능력을 지녔다. 그는 하나님께 뿌리를 박고 있었고, 하나님이 심오한 계시를 통해서 우리에게 접근하는 생각을 알고 있었다. 그는 생활에 필요한 소유에 관해서도 그런 생각을 유지해서 하나님과 더불어서, 혹은 하나님에 관해서 대화를 시작하기에 앞서 피신처를 찾을 필요가 전혀 없었다.[12]

루터는 그리스도인이 되는 것은 기도하는 것이라고 믿었다. 그가 보기에 기도하지 않는 그리스도인은 논리적으로 모순이었다. "신발을 만드는 사람이 신발을 만들고 재단사가 외투를 만드는 것처럼 그리스도인은 당연히 기도해야 한다. 기도는 그리스도인이 하루도 거르지 않고 해야 하는 업무이다."[13]

루터는 비텐베르크의 이발사에게 기도생활의 형식을 소개함으로써 그리스도인에게 신자의 가장 큰 특권에 관한 탁월한 교훈을 수 세기에 걸쳐서 제공했다. 덕분에 우리는 늘 반갑게 맞아주시는 하나님의 임재에 거리낌 없이 나가는 게 무엇인지 알게 되었다.

[SECTION 2 _ 주]

1) 루터, 「편지」 제1권, 「루터 전집」 제40권 (Luther, Letters Vol. I, American Edition of Luther's Works Vol. 48, Fortress Press, Philadelphia, 1963), p.257. 이 편지는 1521년 7월 13일에 보낸 것으로 되어 있다.
2) 「마틴 루터: 갈라디아서 주석」(Martin Luther: Commentary on the Epistle to the Galatians, revised translation by Philip S. Watson, James Clarke, Edinburgh, 1953), p.333, (갈 3:23).
3) 루터, 「탁상 담화」(Luther, Table Talk, American Edition of Luther's Works Vol. 54, Fortress Press, Philadelphia, 1967), p.155.
4) 루터, 「박해를 받는 모든 사람을 위로하는 편지」(Luther, A Letter of Consolation to All Who Suffer Persecution, American Edition of Luther's Works Vol. 43 (Fortress Press, Philadelphia, 1968), pp.62-63.
5) 1518년 7월 10일, 벤체슬라우스 링크에게 보낸 편지. 이 번역은 다음의 책을 참고했다. James Atkinson, The Darkness of Faith: Daily Readings with Martin Luther (Darton, Longman and Todd, London, 1987), p.14.
6) 루터, 「로마서 강의」(Luther, Lectures on Romans, Library of Christian Classics Vol. XV, SCM Press, London, 1961), p.91, (롬 3:11).
7) 고든 럽, 「하나님의 의」(Gordon Rupp, The Righteousness of God (Hodder & Stoughton, London, 1953), p.182에서 칼 홀(Karl Holl)을 인용.
8) 루터, 「스가랴서 강의」(Luther, Lectures on Zechariah, American Edition of Luther's Works, Vol. 20 (Concordia, St Louis, 1973), p.80, (슥 7:13).
9) 고든 럽, 「하나님의 의」, p.162; 루터, 「로마서 강의」, pp.25-26, (롬 1:21-23).

10) 루터, 「로마서 강의」, pp.222-225, (롬 8:3).
11) 루터, 「갈라디아서 주석」, pp.179-180.
12) 요제프 로츠, 「독일의 종교개혁」(Joseph Lortz, The Reformation in Germany, English translation, Vol. I , Darton, Longman and Todd, London, 1968), p.435.
13) 프리드리히 하일러, 「기도: 역사와 종교 심리의 연구」(Friedrich Heiler, Prayer: A Study in the History and Psychology of Religion, Oxford University Press, London, 1958), p.119.

SECTION

03

존 번연

❖

죄인의 괴수에게 넘치는 은혜

" 나는 전진하리라 "

※ 여기서 인용한 글은 오웬즈(W. R. Owens)가 편집한 「죄인의 괴수에
게 넘치는 은혜」(Grace Abounding, Harmondsworth: Penguin
Classics, 1987) 현대판을 이용했다.

루터는 좋은 목회자가 되는 데 필수적인 세 가지를 기도, 묵상, 고난으로 꼽았다. 실제로 셋 모두 성숙한 그리스도인이라면 목회자든 아니든 영적 성장에 중요한 구실을 한다. 우리는 기도가 무엇보다 중요하다는 것을 루터가 페터 베스켄도르프에게 보낸 글에서 이미 확인했다. 아우구스티누스의 「고백록」은 처음부터 마칠 때까지 열정적으로 기도를 강조한다. 따라서 이제는 번연으로 넘어가 루터의 두 번째 주제에 해당하는 묵상에 초점을 맞춘다. 여기서는 존 번연이 그리스도의 사랑과 변화시키는 능력을 묵상한 책 「죄인의 괴수에게 넘치는 은혜」(Grace Abounding to the Chief of Sinners)를 살펴보고, 우리를 향한 하나님의 선하심을 묵상하는 데 도움이 되는 중요한 주제 가운데 일부를 활용하는 방법을 모색한다. 하지만 그에 앞서 이 영향력 있는 영적 고전의 저자 존 번연(John Bunyan)을 간단히 소개할 필요가 있다.

번연은 1628년 베드퍼드셔(bedfordshire)의 엘스토우(Elstow)에서 태어났다. 번연의 가족은 비교적 가난했다. 대략 십대 중반 크롬웰(Cromwell) 부대(의회군) 소속으로 내전에 참가했고, 전투가 일단락되자 아버지에게 물려받은 기술을 연마해 땜장이 일을 하며 전국의 작은 도시와 마을을 돌아다녔다. 하루도 거르지 않는 여행이 당연한 삶이었다. 감옥서 지낸 경우만 예외였다. 그곳에서는 대부분 시간을 성경 읽는 데 할애하고 상상의 여행을 통해 그리스도인의 삶에 대한 도전과 시험, 그리고 이로움을 묵상했다. 그 여행이 우화라는 문학 형식으로 확장하면서 세계에서 가장 유명한 책으로 손꼽히는 「천로역정」(Pilgrim's Progress)이 되었다. 순례의 모험, 위험과 성공은 번연의 개인적이면서 공동적인 기독교적 경험과 함께 그가 자주 매달리던 성경 내용에 관한 묵상의 결과물이었다.

30대 중반 신앙을 가진 번연은 존 기퍼드(John Gifford)가 이끄는 베드퍼드 독립교회 일원이 되었다. 동료들에게 설교의 재능을 인정받기까지는 그리 오래 걸리지 않았다. 그런데 비국교도는 정규 예배 모임이나 교육, 전도를 할 수 없다는 법안이 통과되자 번연은 설교했다는 것을 빌미로 투옥되어 12년간 자유를 잃었다. 감옥서 오랫동안 글 쓰는 일에 몰입했고, 이따금 설교했다. 어쩌다 친절한 간수의 도움으로 감옥을 잠시 벗어나서 박해받는 동료 교인들을 격려하기도 했다. 그들은 헛간과 들판, 숲을 가리지 않고 만났다. 1672년,

감옥서 풀려나기 불과 두어 달 전 베드퍼드교회는 이제는 널리 알려진 교인을 후임 목사로 청했다. 「죄인의 괴수에게 넘치는 은혜」는 목사로 취임하기 전에 집필했지만 저자가 따뜻한 목회자의 심정을 지니고 있었다는 게 여실히 드러나 있다. 그는 감옥의 안팎을 가리지 않고 사람들을 영적으로 보살피는 기회를 자주 가졌을 뿐 아니라 저서를 통해서도 영적 요구에 부응하려고 했다. 하나님에 관한 그의 인격적 경험은 독자가 어떻게 은혜를 헤아리고 받아들이고 또 공유해야 할지 구체적으로 생각하게 만든다.

먼저 하나님의 은혜를 헤아리라

번연은 증언을 기록하려고 감옥서 시간을 따로 할애하면서 영국 청교도의 확고한 선례를 따랐다. 17세기에는 영적 자서전과 일지나 일기를 기록하는 게 폭발적으로 증가해서 번연이 자신의 영적 순례를 기록할 무렵에는 그리 특별한 일이 아니었다. 아우구스티누스와 번연 사이에는 역사적으로 상당한 격차가 있지만 하나님이 베푸신 선함을 자세히 기록하는 것은 영적으로 상당히 값진 일이라는 믿음에 있어서는 일치했다. 그들의 모범은 우리에게 도움이 될 수 있다.

감옥서 보낸 12년은 번연이 조용히 회상하고 뒤돌아볼 충분한 기회가 되었다. 불편한 환경에서도 "그리스도를 자유롭게 묵상할 수 있었다."

비록 저들이 나의 겉 사람을
자물쇠와 빗장으로 구속해도
그리스도에 대한 나의 믿음은
높은 별 너머로 인도한다.[1]

번연은 투옥 초반에는 간단한 시로 낯선 경험을 묘사했다. 「유익한 묵상」(Profitable Meditations, 1661)과 「감옥서의 묵상」(Prison Meditations, 1663)이라는 제목으로 출판한 시들은 그리스도인의 기도와 경건이 간과한 이런 측면이 번연에게는 중요했다는 것을 보여준다. 그는 「죄인의 괴수에게 넘치는 은혜」에서 기독교 메시지를 처음으로 진지하게 대면하기 시작하면서 성경과 자신이 듣고 읽은 '다른 모든 선한 일'에 대한 '지속적인 묵상'을 간절히 소원하게 되었다는 것, 그리고 당시에는 '영광스러운 하늘나라에 이르는' 길을 찾으려고 '늘 성경을 읽거나 아니면 묵상' 했다고 털어놓는다. 오늘날에는 영적 삶을 지도할 때 묵상의 실천을 무엇보다 중시한다. 신앙의 조상들은 묵상 덕분에 말로 다 할 수 없는 도움을 누렸다. 칼뱅은 유명한 「기독교 강요」(Institutes of the Christian Religion)[2]는 물론 설교와 성경 주석에서 묵상의 중요성을 자주 거론했다. 청교도들과 번연은 루터와 칼뱅의 영향을 받았다. 그들의 모범에 의지해서 이제 우리는 묵상의 의미와 목적을 살펴보아야 한다.

묵상의 의미

묵상은 하나님의 본성과 움직임, 말씀에 생각을 집중하며 자신의 삶을 돌아보는, 홀로 하나님과 교제하는 시간이다. 성경과 역사, 개인의 경험 안에 계시되는 삼위일체 하나님과 우리 마음이 일치할 때 묵상은 소리 없는 기도, 정적과 사색의 경험이 된다. 이것을 통해 그분에 대한 지식을 확장하고 그분에 대한 사랑을 강화하고 그분에게 헌신한다. 누군가를 아주 많이 사랑하면 그런 관계로부터 얻는 사랑과 즐거움은 대화의 순간으로 끝나지 않는다. 떨어져 있어도 무슨 생각을 하는지, 또 계속 이어지는 친분을 달리 표현할 수 있는 게 무엇일지 생각하며 즐거워한다. 묵상은 그것을 닮았다고 보는 편이 맞다. 묵상은 우리를 향한 하나님의 사랑과 하나님에 대한 우리의 사랑, 그러니까 사랑의 실체나 특권, 의미와 결과를 골똘히 사유하는 시간이다.

청교도들은 확고한 성경의 권위에 근거해서 나름의 경건과 기도의 틀을 고수했다. 그들은 묵상을 설명하면서 구약성경의 구절 두 개를 자주 인용했다. 하나는, 성경이 처음으로 묵상을 언급한 것으로 이삭이 "들에 나가 묵상하다가"(창 24:63)라고 기록한 경우이다. 청교도들은 그게 밖에서의 묵상을 격려하고 강조하는 것으로 받아들였다. 번연은 베드퍼드셔의 시골 지역을 걷다가 전에 없던 생각을 떠올리기도 했다. 번연과 청교도들의 그런 모습은 우리에게 유익하다. 조용하고 평화로운 야외를 발견하고는 하나님의 장엄함, 지혜, 자비와 사랑의 섭리를 깊이 생각할 수 있다. 일부 사람들은 한가하게 시골길을 걸으면서 창조의 경이로움을 돌아보고 신선한 공기를 들이마시면서 활기를 회복하다가 더할 수 없이 깊은 묵상을 경험하기도 했다.

리처드 사입스(Richard Sibbes)는 "피조물은 저마다 내부에 하나님의 영광스러운 빛을 소유하고 있다"라고 믿었다. 그는 "만물이 성령님으로부터 비롯되는데, 그분은 자연을 존재 이상으로 끌어올리고 영적 표식을 부여하고 신적 특징을 허락하는 분"이라고 주장했다. 우리는 한적한 정원에서 묵상하거나 전원의 기막힌 광경을 바라보다가 그런 영광의 특징과 전에 알지 못했던 측면을 확인하고, 사입스와 함께 "전 세계가 하나님의 영광을 보여주는 극장"이라는 것을 새롭게 발견할 기회를 가질 수 있다.[3] 프랜시스 톰슨(Francis Thompson)은 '낯선 땅은 없다'에서 아주 당연한 비난을 제기한다.

그래, 그것은 그대들의 낯선,
그래서 더없이 찬란한 것을 포착해 내지 못한 얼굴들이다.

우리는 모두 서두르지 않으며 최상의 것들에 마음을 쏟고, 하나님이 만든 세계에서 더 잘 섬길 준비가 된 사람들로 태어날 수 있는 묵상에 적합한 '공간'이 필요하다. 복음서는 그리스도가 이따금 잠을 거른 채 들에서 홀로 기도하는 시간을 가졌다고 소개한다(막 1:35). 한적한 곳으로 물러나 고독을 누리고 아버지와의 빠뜨릴 수 없는 교감을 통해 영혼의 양식을 얻었다. 매일의 삶은 말할 수 없이 분주했고, 불가피한 요구에 시간을 할애하고 온갖 일에 시달렸지만 성경은 이렇게 전한다. "예수는 물러가사 한적한 곳에서 기도하시니라"(눅 5:16).

청교도들은 묵상의 두 번째 권위를 시편 1편에 기록된 여호와의 율법을 즐거워하여 그것을 밤낮으로 묵상하는 사람에게서 찾았다(시 1:2). 묵상을 거론한 두 개의 성경 구절은 창조된 세계와 기록된 말씀 안에 드러난 하나님의 계시에 초점을 맞추는 데 유용했다. 두 가지 모두 우리가 알고 있듯이 "하늘이 하나님의 영광을 선포하고" 진실한 '여호와의 법'은 '많은 순금보다 더 사모할 것'으로 드러난다는 시편 19편의 거룩한 묵상에 나란히 등장한다.

17세기 그리스도인들처럼 번연은 이런 영적 실천이 유익하니, 하나님 말씀을 깊이 생각하는 데 시간을 할애하고, 계속해서 묵상의 결과를 기록으로 남기는 훈련이 필요하다고 생각했다. 그것은 종교적 현실도피와는 거리가 멀었다. 규칙적으로 묵상하는 신자는 하나님과 보낸 시간 덕분에 더 괜찮고, 세상에서 그분을 더 잘 섬길 수 있는 준비된 사람으로 변화한다. 번연과 동료들은 묵상의 삼중적 목적을 고수했다. 그러니까 묵상은 하나님을 높이고 자신을 격려하며 다른 사람들을 돕는 특별한 기회를 제공한다.

묵상의 목적

'찬양'에 해당하는 첫째 부분은 우리에게도 중요하다. 하나님의 도움이라는 것을 당연히 알 수 있으면서도 그 특별한 손길을 무시하거나 지나치고, 아주 분주한 날에는 하나님이 어떻게 너그럽게 대하셨는지 기록은커녕 알아차리지도 못하고 넘어간다. 찬송작사가 프랜시스 리들리 해버갈(Frances Ridley Havergal)은 1879년, 한 해 동안 '자비의 일기'를 기록했다. 저녁마다 그날 하나님께 특별히 감사하는 일을 하나씩 적었다. 한 가지로 제한한 것은 하나님이 특정일에 자신에게 베풀어주신 일을 선별하느라 돌아보면 이런저런 것이 한꺼번에 떠오르기 때문이었다. 다양한 은총에 대한 이런 생각으로 자연스레 감사하게 되었고 하루를 마감하며 경배하지 않을 수 없었다.[4]

아우구스티누스는 「고백록」을 확장된 묵상기도 형식으로 집필하면서 일차 목표는 하나님께 영광을 돌리는 것이라고 말한다. 그는 자신이 겪은 '그릇된 삶'의 '지나간 오류'를 회상하게 해달라고 간구했다. 떠오르는 경험을 뒤쫓으면서 자신을 변화시킨 하나님께 남김없이 '제물'로 바치기 위함이었다. 아우구스티누스는 자신의 일화가 본인은 물론 책을 읽는 독자 모두에게 하나님을 사랑하고픈 마음을 갖게 해서 "주님은 위대하고 찬양해야 마땅하다"라고 고백할 수 있기를 기대했다. 번연의 목표 역시 다르지 않았다. 그는 「죄인의 괴수에게 넘치는 은혜」에서 아주 이색적인 경험을 토로한다. "덕분에 하나님이 베푸신 자비와 은혜를 더 높고 위대하게 드러낼 수" 있었다. 그의 가장 큰 관심은 '하나님을 찬양하는' 것이다.

아울러 번연은 묵상을 우리가 자신을 격려하는 또 다른 방법으로 간주한다. 그는 삼손의 일화를 읽다가 과거에 하나님이 베푸신 자비를 떠올리고는 '사자의 주검'(삿 14:5-8)에서 자신이 얻은 '꿀 한 방울'을 역시 다른 이들과 함께 나눈다. 글쓰기는 하나님의 풍성한 자비를 오래 기억하게 했다. "나는 그것을 먹고 큰 활력을 얻었다." 번연이 베드퍼드에서 투옥된 것은 어떤 의미에서 삼손이 아주 위험한 사자를 만난 것과 다르지 않다. 생각하지 못했던 좋은 것들이 그것을 통해 생겨났다. 투옥은 잔인하고 부당하고 좌절하게 하고 불편했어도 완전히 나쁜 것만은 아니었다. 다른 부정적인 경험처럼 덕분에 하나님을 찬양하고 자기 삶을 풍성하게 만들었을 뿐 아니라 사람들에게 영감을 안길 수 있었다. 역경은 늘 모자람이 없는 하나님의 유창한 전령인 셈이다.

번연은 우리가 경험한 하나님의 선하심과 관련 있고, 기록할 수 있는 좋은 선례가 성경 안에 있다고 주장한다. 모세는 하나님의 명령으로 이스라엘의 다양한 광야생활을 기록했다(민 33:2). 번연은 사람들이 신앙의 여정을 돌아보면서 "다른 이들도 하나님이 내게 역사하신 것을 보고 자신에게도 역사하신 일을 기억"할 수 있기를 기대한다. 그는 과거의 축복이 현재의 희망에 도움이 되도록 성경의 또 다른 사례들을 인용한다. 가령, 다윗은 블레셋 거인과 맞설 수 있는지 질문을 받자 심각한 위험에 처할 때마다 하나님이 도움을 베푸셨다고 사울 왕에게 대답했다. 어린 목자가 사자나 곰을 맞닥뜨린 위험한 순간의 일이었다. 과거의 구원을 떠올리면 새롭게 용기를 갖게 된다.

번연의 글을 읽는 사람 역시 비슷한 경험을 할 수 있을까? 당연히 하나님의 자비를 누릴 수 있다. 기억하고 다른 이와 공유하고 글로 남길 수 있다. "옛날… 밤에 부른 노래를 기억하라. …거기에 보화가 감추어져 있다."

번연은 고통과 혼란을 겪는 구도자 시절 하나님이 모습을 드러낸 특정 공간과 장소를 기억한다. 그의 일화 곳곳에 베드퍼드셔의 주택, 도로, 들판, 울타리가 등장한다. 하나님의 진리는 그런 장소에서 잊을 수 없는 매력으로 번연의 혼란스러운 마음을 파고들었다. 그의 작품을 읽는 그리스도인들도 은혜가 충만한 하나님과의 만남을 떠올릴 수 있을까? "마당, 우유 창고, 마구간, 헛간처럼 하나님이 그대의 영혼을 방문하신 곳을 잊어버렸는가?"

그런데 경험의 기록은 자신에게만 유용한 게 아니다. 번연 역시 다른 사람들을 도우려고 글을 썼다. 그는 신약성경에서 바울이 '처음 은혜를 받은 날과 시간'을 자주 기억했다는 것을 독자들에게 주지시킨다. 불경한 박해자의 삶에 주어진 하나님의 자비에 대한 증언은 인내하시는 하나님의 사랑을 찬양하는 한편, 예수님 안에서는 새로운 삶을 누리지 못할 사람이 없다는 사실을 일깨우는 도구로 각기

맥락을 달리하면서 자주 기록된다(행 9:1-19, 22:1-22, 26:1-23, 딤전 1:12-16).

번연은 사도들의 증언이 그랬던 것처럼 자기 작품이 복음적 영향을 발휘하고, 덕분에 사람들이 그리스도를 믿을 수 있기를 기대한다. 하지만 힘든 때를 보내는 그리스도인에게 일차적으로 초점을 맞춘다. 이야기의 내용은 방황하는 영혼이 갑자기 죄의 짐을 벗고서 끝 모를 암흑에서 찬란한 빛에 도달하는 계시의 순간으로 들어가는 즉각적인 극적 회심과는 거리가 멀다. '상처 입은 양심'을 가진 어느 사내의 길고 고통스러운 갈등의 일화이다.

고통스러운 이야기를 생생하게 털어놓은 것은 다른 사람에게 도움이 될 수 있다는 기대 때문이었다. 그들도 강력한 시험을 마주할 수 있고 때에 따라서는 사내처럼 실패할 수도 있다. 감옥서는 곤경에 처한 사람에게 하나님의 선하심을 말로 전하는 게 불가능해도 글로는 함께 나눌 수 있다. 만일 '빛에 대해 죄를' 범했거나 '하나님을 모독하려는 유혹을' 받았거나, 깊은 좌절에 빠졌거나 하나님이 자신을 대적하신다는 생각이 들고 하늘을 볼 수 없다면 누군가 아주 용감하게 그런 어려움을 극복한 것은 물론 "주님이 모든 환난에서 구원하셨다"라는 것을 기억할 때 위로가 될 수 있다. 번연은 다른 사람들이 하나님의 끝 모를 사랑에 대한 자신의 기록을 읽고서 하나님이 행하신 일들을 '기억할 수 있기를' 기대한다.

번연이 자신의 일화를 털어놓으면 이야기의 핵심 주제들이 다수 모습을 드러낸다. 그것들은 단기간에 기록되지 않았다. 책이 출판되기까지 대략 6년간 죄수로 지냈다. 그의 작품은 사랑스러운 하나님의 무한한 애정을 침묵으로 회상하면서 보낸 세월의 결과물이었다. 어쩌면 위대한 성경의 진리에 대한 묵상 역시 자기 삶에 '넘치는 은혜'를 글로 기록할 수 있는 토대가 되었을 것이다. 우리는 차분하게 하나님이 어떤 은혜를 베푸셨는지 돌아보는 조용한 시간과 장소를 찾아내고 하나님과의 인격적 만남에 대한 일화를 글로 남길 수 있다.

번연의 일화에 등장하는 다수의 주제는 당연히 우리 이야기의 일부일 수 있지만 그렇다고 해서 그를 사로잡은 하나님의 특정한 본성과 기독교적 경험의 측면에 얽매일 필요는 없다. 하나님의 은혜를 독점할 수 있는 사람은 존재하지 않는다. 우리 이야기는 번연의 그것과 일치하지 않고 다르겠지만 주제에 있어서는 분명히 보완적일 수 있다. 그리고 과거와 현재의 경험, 성경이 무엇을 말했고 우리에게 계속해서 무슨 말을 하는지, 또 우리가 무엇을 깨달았고 다른 그리스도인에게서 거듭 무엇을 전달받는지 묵상하는 데 시간을 할애하면 하나님께 영광을 돌리고 용기를 얻게 될 것이다. 게다가 묵상하면 인격적 신앙을 추구하거나 힘겨운 시기에 영적 순례에 나선 사람들을 도울 수 있는 실질적인 방법을 곧장 찾기 시작할 수도 있다 (시 66:16-20).

우리의 인성은 저마다 몹시 다르다 보니 하나님은 일정한 방식을 고수하시지 않는다. 복음은 한 가지이지만 주님은 자기중심적이고 거스르는 사람들의 헌신을 끌어내기 위해 다양한 방법을 구사하신다. 오랫동안 목회 사역을 한 백스터(Baxter)는 "하나님이 모든 사람의 마음을 같게 깨뜨리지 않는다"라는 것을 깨달았다.[5] 하나님이 존 번연을 인도한 이야기 덕분에 우리는 하나님의 은혜가 전해지는 각기 다른 방식에 경탄하고, 끝없이 계속되는 하나님의 사랑과 자비에 감사하지 않을 수 없다.

하나님의 은혜를 묵상하며 누리라

번연은 자기 삶에 주어진 하나님의 은혜를 묵상하면서 상처 입은 양심, 성경 읽기, 동료들의 격려, 기독교 서적의 영향, 그리고 영감 넘치는 설교 덕분이었다는 것을 깨달았다.

상처 입은 양심

번연이 개인적으로 경험한 하나님의 은혜는 오랫동안 겪은 고통스러운 경험, 즉 '상처 입은 양심'이라고 부르는 것을 통해 드러나지 않게 전해졌다. 젊은 시절 그는 자라난 동네에서 부정적인 영향을 받았고 신앙과 관계된 것에는 흥미가 없었다. "하지만 하나님은 완전히 나를 떠나지 않으시고 말없이 따라오셨다." 생각이 바뀌어서 정상적인 신앙생활을 하고 성실하게 교회에 출석하게 된 이후로 그는 과거 도덕적 잘못과 영적 무관심을 진지하게 돌아보면서 상당한 갈등을 느꼈다. 상황이 바뀌기 시작했다.

묵상에 관한 청교도들의 탁월한 교훈 중 하나는 구도자들이 하나님의 은혜를 얼마나 필요로 하는지 보여주는 불가피하게 노출하는 과정으로 활용할 수 있다는 것이었다. 하나님 말씀은 거울이나 탐조등이 작동하듯이 우리가 하나님께 어떤 모습으로 비치는지 보여주고 하나님의 일을 어느 정도나 은밀하게 훼방했는지 밝혀낸다. 번연의 경우 그 과정이 고통스럽고 길었다. 그는 자신이 용서받지 못한 게 아닌지 두려워지기 시작했다. 잠시 그리스도를 멀리한 것으로 간주한 일이 있고 나서는 특히 그랬다. 그에 따른 고통은 몇 달간 계속되었고 어쩌다 접하는 성경 구절로 잠시 위로받는 것을 제외하고는 그다지 도움이 되지 않았다.

처음에는 과거에 잘못한 일로 낙심했으나 예민해진 번연은 시간이 흐르면서 맹세나 안식일을 범하는 것 같은 주제들을 더 심각하게 대하게 되었다. 자신이 하나님께 용서와 평안을 기대할 수 없을 만큼 가슴 아프게 한 게 두려웠다. 그를 짓누르는 질문들은 과거에 경건한 사람들을 오랫동안 괴롭게 하던 것들을 포함할 정도로 광범위했다. 선택받지 않았으면 어떻게 해야 할까? 하나님께 속한 것인지 아닌지를 어떻게 장담할 수 있을까? 은혜의 날이 이미 지나갔으면 어떻게 해야 할까? "자비의 순간을 놓쳤으면 어떻게 해야 할까?" 하나님이 존재하지 않을 뿐만 아니라 신앙은 순전히 상상력의 결과에 지나지 않고 성경은 그저 꾸며낸 이야기에 불과하면 어찌해야 할까? 그리고 우리가 속한 세속화된 사회처럼 더 강력한 의문들이 존재했다. 다른 종교들이 기독교만큼 소중하다면 어떻게 해야 할까? 게다가 "아버지 하나님, 그리스도와 성경이 모두 망상에 불과하다면 어떻게 해야 할까?"

그리스도인 친구들 몇이 그런 문제를 놓고 씨름하는 번연을 도우면서 바울의 발언을 인용했지만 새로운 의문으로 이어질 뿐이었다. 만일 그 사도가 자신에게 속았든지 더 나가서 정상이 아니었다면, 그리고 1세기 세계를 교활하고 치밀하게 떠돌아다니면서 "추종자들을 속이고 멸망시킨 것"에 불과한 것이었다면 어떻게 해야 할까?

이런 의문에 짓눌리다 보니 호기심 많은 자신의 성격을 따져볼 새 없이 내면의 적이 그런 것처럼 하나님께 입에 담지 못할 말을 하고픈 충동에 휩싸였다. 그럴 때는 극도로 무력해져서 강력한 회오리 바람에 휩쓸린 것 같았다. 잡스러운 생각으로 고통을 겪을 때면 위험을 알리는 상상력이 작동해서 어떤 장면이 생생하게 떠올랐는데, 대개는 시골생활에서 접할 수 있는 것들이었다. 언젠가는 자신이 힘없이 유괴되는 아이처럼 사랑하는 집에서 억지로 끌려가는 기분에 사로잡히기도 했다. 시골 사람들은 낯선 이방인이 지역 사회의 안정을 깨뜨리면 위협을 느꼈다. "때로는 반발도 하고 고함을 지르며 울기도 했지만 유혹의 날개에 단단히 붙잡힌 채 바람에 실려 자꾸 멀리 날아갔다." 만일 번연이 그런 것들에 무심한 개와 두꺼비였다면 "영원한 지옥의 무게에 눌려 멸망할 영혼이 없고, 괴로워할 일도 없을 것이다."

거의 한 해 가량 그리스도를 거역하려는 유혹에 계속 시달렸다. "그를 팔아라. 그를 팔아라. 그를 팔아라." 가끔 악마는 이미 그가 그런 일을 저질렀다고 설득했다. "그래서 나는 며칠을 고문대에서 고초를 겪는 것 같았다." 끈질긴 압박과 극심한 정신적 고통으로 예민해진 그가 결국 그리스도가 자신의 삶을 영원히 떠나게 하자고 생각하게 된 것은 당연했다.

번연은 곧장 깊은 어둠에 빠져들었다. 또다시 익숙한 시골 풍경으로 바뀌면서 새 한 마리가 총에 맞아 생명이 끊어진 채 나무 꼭대기에서 땅바닥으로 곤두박질한 것 같았다. 그는 영원한 형벌을 판결받은 죄인이었다. 엄청난 혼란을 겪던 그는 히브리서에서 위협적인 적처럼 자신을 뒤쫓는 한 구절을 발견했다. 구약시대에 에서가 했던 호소를 거론하는 구절이었다. 뇌리를 떠나지 않았다. 에서는 축복을 이어받고 싶었을 때 눈물을 흘리며 구했으나 회개할 기회를 얻지 못했다(히 12:17).

번연은 창세기 일화에 등장하는 '속물 같은 인간'이었다. 상처 입은 그의 영혼은 과거에 저지른 일과 그에 따른 엄청난 결과를 떠올리면서 괴로워했다. 그는 그리스도의 자비를 의도적으로 거절했다. "주님이 원하신다면 떠나시게 내버려 두자." 에서처럼 그 역시

"축복을 이어받으려고 눈물을 흘리며 구하되 버린 바가 되어 회개할 기회를 얻지" 못할 수 있었다.

아주 생생한 언어로 묘사된, 이 모든 내용은 경험은 고사하고 읽는 것조차 끔찍할 정도이다. 결국에는 평안이 찾아왔고 고통을 안겨주던 성경 구절이 마침내 그를 회개와 확신으로 이끌어주었다. 하지만 우리는 그 단계로 나가기 전에 묵상이라는 주제와 그리스도인의 삶에서 묵상의 모색과 검토, 그리고 바른 영향을 음미하지 않으면 안 된다. 번연이 몇 달 동안 줄곧 겪은 갈등, 영적 환멸감과 거부감을 누구나 거쳐야 한다고 생각하지 않지만 그의 경험은 우리에게 많은 것을 교훈한다.

슬픈 내면의 성찰과 부단한 죄책감을 그리스도인 모두가 경험하는 것은 아닐뿐더러, 꼭 그래야 할 이유도 없다. 우리 삶에서 번연의 고통을 있는 그대로 인위적으로 반복할 필요는 없다. 우리의 과거와 다를 수 있겠지만 그가 했던 경험은 간단하지 않은 도전이다.

20세기 후반에 속한 우리는 어쩌면 번연보다 더 큰 고통을 겪을 수 있다. 우리가 겪는 위험은 무심함이나 도덕적 무관심이다. 죄를 경시하고, 인간의 삶에서 그것이 갖는 파괴적 잠재력을 간과하거나 무시하기 쉽다. 우리는 각자의 삶을 철저하게 검토해야 한다. 주부라면 봄맞이 대청소를 당연한 일로 간주한다. 자동차는 정기적으로 점검해야 한다. 작업장의 장비와 가정은 점검하고 청소해야 위험을 미리 막을 수 있다. 뛰어난 감리교 지도자 생스터(W. E. Sangster)

에 따르면 모든 신자는 이따금 '영적 점검'이 필요하다.[6]

효과적인 묵상은 자기 노출, 그러니까 삶의 감추어진 부분들을 굳이 살피면서 쉽게 넘길 수 없는 예리한 질문을 던지는 것까지 포함해야 한다. 묵상은 만물을 꿰뚫어 보고 거룩하고 자비한 하나님의 임재 안에서 시간을 보낼 때만 도움이 되는 거룩한 점검의 일부이다. 그런 점검은 언제나 쉽게 발생하지 않는다. 우리 삶은 대부분 가득 들어차 있고, 또 영적 훈련이 임박할 때 자신도 모르게 직접 배치하는 정신적 걸림돌이 다수 존재한다. 과도한 분주함과 습관적인 꾸물거림, 중요한 교회 업무와 타인에 대한 비난, 더 중요한 과제와 불가피한 여가에 턱없이 매달리기, 우리가 맞닥뜨린 처지에 관한 지속적 분노가 그것들이다. 이 모두 영적 삶을 진지하게 돌아보지 못하게 만드는 강력한 걸림돌이다.

번연이 자신의 삶을 그대로 검토하는 과정에서 우리가 확인했듯이, 묵상은 우리 삶을 그와 유사하게 검토하는(그러면서도 격하지 않게) 실천 가능한 사고의 흐름을 제시할 수 있다. 하나님의 영이 삶을 살피자 번연은 자신이 쉽게 넘겼던 잘못을 깨달았다. 만일 그가 얼마나 변화가 필요했는지 몰랐다면 자신을 구원하는 하나님의 자비를 어떻게 찬양할 수 있었을까? 우리의 죄와 번연의 그것이 다를 수 있겠으나, 그것들을 마주하는 것은 고백과 용서 본연의 모습이다. 번연은 과거를 돌아보는 순간 자기 삶에 깃들인 많은 잘못을 목격했다. 번연이 하나님 말씀을 통해 자기 삶을 돌아본 것 가운데 여섯 가지만 소개한다.

● 무관심. 초기에 번연은 신앙공동체에 속한 젊은이들에게 해로운 영향을 미쳤다. 그러면서도 어느 지방 출신 여성(그녀 자신도 전혀 윤리적이지 않았지만)이 지적할 때까지 진지하게 생각하지 않았다. 우리는 이미 저지른 것은 물론, 어쩌면 미처 실행하지 못한 대화나 행동으로 다른 사람에게 상처를 입히지 않았을까? 가족이나 이웃, 직장이나 교회에서 우리가 다른 이들에게 미치는 영향은 그리스도인이라면 누구든 무관심할 수 없는 문제이다.

● 배은망덕. 번연이 어렸을 때 하나님은 각별한 은혜를 베푸셨다. 물에 빠지거나 뱀에게 물려 죽거나 군사훈련 중에 목숨을 잃을 수 있는 서너 차례 경험에서 그를 보호하셨다. 그렇지만 섭리에 따른 이런 자비에도 그의 영혼은 영적으로 각성하지 않았다. 하나님의 보호하시는 자비에 감사하지 않고 '더욱더 반항하게' 되었고, 영적 요구에 무심했다. 우리 역시 하나님의 은혜와 사랑을 당연한 것으로 여기고, 얼마나 오랫동안 사랑으로 돌보셨는지 눈치채지 못할 수 있다.

● 오만. 번연은 동네에 있는 교회에 정기적으로 출석하거나 예배 진행을 돕는 종을 치면서도 영적인 것에는 피상적인 관심을 가졌다. 종교 주제에 관한 대화를 즐기면서 자신을 '활발한 토론꾼'이라

고 주장했다. 교만은 그의 문제 가운데 하나였다. 이웃이 자신을 경건한 사람으로 대하는 것을 무척 좋아하면서도 속으로는 '보잘것없는 한심한 위선자'에 불과하다는 사실을 알고 있었다. 그럴듯한 말솜씨는 경험과 전혀 무관했다. 어쩌다 보면 우리가 구사하는 언어가 본래 이상으로 훨씬 괜찮은 모습을 만들어 내기도 한다.

● 불경. 번연은 가끔 하나님을 시험했다. 자신이 기대하는 기적이 직접 정한 순간에 일어나야 한다는 믿음 때문이었다. 도로의 물웅덩이가 갑자기 마르거나 팬 곳에 곧장 물이 채워진다는 식이었다. 그는 악마가 그런 생각을 하게 만든다는 것과 하나님 말씀을 알지 못해 빚어진 잘못이라는 것을 깨달았다. 하나님의 주권에 복종하지 않으면 우리 삶에서 그분이 역사하는 것에 관해 이런 식으로 허세를 부리는 독단에 종종 빠질 수 있다.

● 불신. 번연은 그런 주제넘은 생각들이 하나님 말씀에 담긴 진리를 거절하는 행위라는 것을 점차 의식했다. 언젠가 아내가 출산할 때 고통을 겪지 않도록 속으로 기도했다. 그날 밤 아내가 산통이 잦아들어 안정을 찾으면 하나님이 정말 사람들의 필요를 낱낱이 챙긴다는 사실을 믿을 것이라고 기도했다. 하지만 나중에 그런 식으로 조건을 다는 게 잘못이라는 것을 깨달았다. 성경은 특별한 기도가 곧장 응답하든 그렇지 않든 간에 하나님이 우리의 모든 생각을 알고

계신다고 분명하게 말한다(고전 4:5, 히 4:13). 번연은 그것이 기드온의 양털에 관한 부적절한 요구와 다르지 않다는 것을 알게 되었다. "그는 믿음을 갖고 과감하게 시도해야 했다." 하나님은 무엇이든 하실 수 있다는 믿음을 고백하고, 그분의 주권에 따른 목적에 새롭게 복종하고, 그리고 기도에 응답하시는 방법이 한 가지 이상이라고 믿는 게 옳음에도, 이따금 우리는 하나님이 특정 상황에 맞추어 행동하시도록 요구하는 잘못을 범할 수 있다. 우리가 지정한 때, 우리가 바라는 것을 하나님이 그대로 따르시지 않는 것은 우리의 필요에 대한 무관심이라기보다는 사랑의 증거일 수 있다.

● 분노. 번연은 베드퍼드교회를 둘러보면서 하나님이 자신에게는 허락하지 않은 축복을 다른 사람은 마음껏 누리고 있다고 생각하기 시작했다. 누구는 "그리스도 때문에 즐거워하고 찬양한다. 그리고 누구는 하나님 말씀을 차분히 거론하고 암기하기를 즐겨한다. 오직 나만 엄청난 폭풍 속에 있을 뿐이었다." 그는 자신이 아닌 다른 사람이기를 소원했다. 우리는 인생에서 훨씬 더 나은 시간을 보내는 사람들과 우리 삶을 대조하는 자기연민과 악감정이라는 덫에 너무쉽게 빠진다. 어리석은 잘못일 뿐이다. 다른 사람들의 드러나지 않는 압박과 긴장을 누구도 알 수 없다. 게다가 우리 신앙을 극단으로 몰아가곤 하는 어려움을 그들은 아직 만나지 못했을 수도 있다. 우리 책임은 하나님이 맡기신 삶의 영역에서 최선을 다하는 것이고,

또 그것을 통해 하나님의 선하심을 입증하는 것이다. 우리는 다른 사람의 행위는 몰라도 자신의 행위에 대해서는 책임을 지게 될 것이다(롬 14:10-12, 고후 5:9-10).

우리가 번연의 고통스러운 죄의식을 이해하는 것은 물론 자신에게 더 큰 관심을 두게 되었다면 「죄인의 괴수에게 넘치는 은혜」가 영적 변화에 유용할 수 있다. 어쩌면 자신을 점검하는 것을 당연하게 여겨야 할지 모른다. 그러면 다음의 결과를 얻을 수 있다.

- 단독으로 우리 판단 기준을 평가해야 하는 그리스도의 순결함과 아름다움에 대한 깊은 자각
- 정결하게 하시는 하나님의 변함없는 약속에 대한 확고한 믿음
- 자격은 없으나 기적적으로 확실한 용서에 대한 더욱 큰 감사
- 우리 죄를 드러내고 도덕 및 영적 위험에 대한 우리의 무분별함을 파고드는 성령의 역사에 대한 보다 더 기민한 자각
- 우리의 영적 성취에 대한 한층 현실적인 평가
- 다른 사람의 잘못에 대한 보다 더 민감하고 공감적인 이해
- 영적으로 불확실한 위험한 상황에 놓인 이들을 위해 기도하겠다는 더욱더 단호한 결심

묵상이 우리 자신을 더 비판적이면서 창조적으로 바라보고 다른 이들을 더욱더 헤아릴 수 있게 한다면 우리가 할애한 시간은 충분히

보상받을 것이다. 우리 삶을 하나님의 능력, 그리스도의 사랑과 성령의 거룩한 임재에 더욱더 개방적으로 만드는 특별한 기회로 삼을 수 있다면 우리 영적 삶에 상당한 진보를 가져오고 세상에서 우리의 증거와 봉사를 더욱 효과적으로 만들 것이다

번연은 자신의 죄를 드러내는 것은 물론 해결책을 제시한 유일무이한 단어를 발견했다. 이제 우리는 하나님의 은혜가 고통을 겪는 그의 마음을 파고드는 데 사용한 또 다른 도구로 넘어간다.

성경 읽기

「죄인의 괴수에게 넘치는 은혜」는 변화된 죄인의 증언일 뿐 아니라 설득력 있는 설교자의 주석이다. 번연은 자신이 아니라 변화를 가져온 진리가 드러나기를 바랐다. 그는 강력한 박해의 시기에 글을 썼다. 어쩌다 불법 집회에서 만나는 비국교도 신자들도 적어도 가정에서는 성경을 읽을 수 있었다. 따라서 성경은 번연에게 무엇보다 중요하다. 그리고 그는 독자들이 성경 메시지의 강력한 능력, 적절함과 그 효과에 더 큰 관심을 두기를 바랐다.

하지만 우리는 번연이 구원을 모색하는 과정에서 성경의 이중적 역할 때문에 상당한 고통을 겪었다는 것을 이미 살펴보았다. 성경은 위로와 정죄를 동시에 안겨주었다. 우리는 번연이 영성에 새롭게 눈뜰 때 성경이 담당한 중요한 역할과 관련해서 몇 가지 내용에 주목하게 된다.

우리는 무엇보다 신구약 성경에 관한 그의 폭넓은 지식에 놀라게 된다. 자신의 이야기를 털어놓고 있는 사내는 불과 몇 해 전만 해도 기독교 신앙에 별다른 관심을 두지 않았다. 그런데 몇 달 지나지 않아 에서가 말을 걸었고 사울이 따라다녔고 이사야가 괴롭혔고 느부갓네살이 조롱했고 베드로가 죄책감을 느끼게 했고 유다가 위협했고 바울이 혼란스럽게 만들었다. 이 사내는 시간이 금이었다. 돌볼 가족 때문에 생계를 위해 부지런히 일했다. 아침 일찍 집을 나서서 시골 지역 마을들을 이리저리 돌아다니며 농장과 허름한 집들을 방문해서 간단한 농기구와 살림 도구를 수리했다. 느긋하게 성경을 읽을 수 있는 시간은 꿈도 꿀 수 없었다. 그런 사내가 어떻게 그토록 엄청난 성경 지식을 획득했고, 또 다방면으로 그 내용을 살피면서 다채로운 인물과 그들의 메시지를 탁월하게 입에 올릴 수 있었을까?

우리는 번연이 처음 성경을 접한 게 베드퍼드 신자들을 만나기 전이었다는 사실을 기억할 필요가 있다. 당시 상당수 사람은 쓰지는 못해도 읽는 것은 가능했다. 적지 않은 어린이가 가족이 읽는 성경을 통해 처음으로 읽는 법을 익혔다. 번연은 베드퍼드교회 설교자 존 기퍼드와 그의 동료들을 만나기 전에 성경을 가지고 있었는데, 가족이 오랫동안 간직해 온 것이었다. 당시 어린이들은 대개 성경을 어렵지 않게 읽었다. 장로교 목사 올리버 헤이우드(Oliver Heywood)의 아내는 '겨우 네 살에 성경의 가장 어려운 대목'을 읽을 수 있었다. 그리고 버크셔의 퀘이커 신자 올리버 샌섬(Oliver Sansom)은 여섯 살

무렵 성경을 읽기 시작해 대략 넉 달 만에 '성경을 어느 정도 쉽게 읽을' 수 있었다.[7]

번연은 지역교회 예배에 참석하면서 성경을 직접 읽기 시작했는데, 특히 구약성경의 역사 부분에는 집중했지만 바울 서신에는 전혀 관심이 없었다. 하지만 베드퍼드교회에서 친구들을 만나자 상황이 바뀌기 시작했다. 번연은 성경에 대한 그들의 몰입 덕분에 기독교 복음으로 돌아섰다. 성경에 대한 관점이 새롭게 바뀌기 시작했다. 바울 서신이 이제는 특별한 위로가 되었고, 하나님의 독특한 말씀이 지닌 생기와 역동성에 점차 빠져들었다.

하나님 말씀은 살았고 활동적이고 "좌우에 날 선 검보다 예리"하다(히 4:12). 성경에 많은 시간을 할애하다 보니 거기에 담긴 이야기와 교훈, 언약과 명령의 영향을 받았다. 신중하게 성경을 읽자 시각적으로는 물론 거의 고막을 울릴 정도로 하나님 말씀이 임했다. 내용은 무시할 수 없을 만큼 강력했다. 번연은 역동적으로 활동하는 하나님 말씀을 전하는 성경 구절을 좋아했다. 고통스러운 그의 영혼에 갑자기 하늘로부터 잘 겨눈 화살처럼 진리가 날아들었다. 급한 배달꾼인 양 진리가 그에게 한달음에 달려왔다. 어느 때는 복음서 한 구절이 줄곧 따라다녔다. 누군가 뒤에서 소리치고 있다고 상상할 정도로 설득력 있게 애원하면서 그의 뒤를 바짝 따라붙었다. "누군가 수백 미터 뒤에서 나를 불러서… 뒤를 돌아보았다."

죄책감과 비난에 시달릴 때마다 따뜻한 약속이 그의 뒤를 부드럽게 따랐다. "내가 네 허물을 빽빽한 구름 같이, 네 죄를 안개같이 없이하였다." 덕분에 가던 길을 멈추고 은혜의 하나님이 '용서를 손에 든 채' 뒤를 쫓아오는지 돌아보았다.

번연에게 말씀의 능력은 강력했고 눈을 떼거나 벗어날 수 없었고 응답을 요구했다. 더러 말씀을 완벽하게 신뢰하고 보장하고 요구하는 것에 모두 순종하려는 마음이 크게 일 때도 있었으나, 마음이 예민한 이 사내에게는 그보다 훨씬 복잡해 보였다. 마음에 이는 갈등이 성경 내부의 긴장과 상응하는 듯했다. 한 구절이 그의 믿음을 북돋우면 또 다른 구절은 그의 불신을 강하게 비난했다. 성경에 등장하는 한 사건이 궁극적 용서를 묘사하면 또 다른 사건은 모면할 수 없는 파멸을 보여주었다. 회개한 베드로가 찾을 수 있다고 말하면 완악한 에서는 잃어버릴 것이라고 경고를 날렸다. 히브리서의 배교에 관한 구절들은 특히 고통스러워서 하늘나라에 들어가지 못하게 막는 유일한 문장들처럼 보였다.

위기의 순간, 두 개의 구절이 서로 갈등하면서 번연의 영혼을 놓고 줄곧 싸움을 벌였다. 한 구절이 그를 하늘나라로 설득력 있게 이끌면 또 다른 구절은 돌이킬 수 없는 지옥으로 보냈다. 이런 갈등 때문에 갈피를 못 잡자 고통이 극심해졌고, 중압감으로 가슴이 터질 것 같았다. 바울의 족한 은혜(고후 12:9)를 에서의 눈물에 대한 기억이 줄곧 반박했다.

괴로움과 혼란 속에서 번연은 '성경이 자신의 영혼을 인정해주는' 희망이 존재하는지 질문을 던졌다. 두 개의 구절이 한꺼번에 강력하게 떠올라서 "마침내 에서의 장자권에 관한 구절이 약해져 후퇴하면서 사라지고, 족한 은혜에 관한 구절이 압도하면서 평안과 기쁨을 느끼는" 날이 찾아왔다.

번연은 극심한 갈등을 통해 깨달았다. 단호할 수밖에 없는 성경의 "율법과 진노의 말씀"은 "생명과 은혜의 말씀에 자리를 내주어야 한다." 이는 변화산에서 일어난 사건과 다르지 않았다. "모세와 엘리야 모두 자취를 감추어야 하지만 그리스도와 제자들은 남아 있어야 한다."

그리스도의 약속 덕분에 더할 수 없는 평안이 찾아왔다. 에서의 위협은 예수님의 감미로운 촛대 앞에서 할 말을 잃었다. "내게 오는 자는 내가 결코 내쫓지 아니하리라" 예외가 없었다. 단 한 구절 덕분에 기쁨의 노래가 터져 나왔다. "'결코'라는 이 말이 얼마나 안심이 되었는지 모른다." 갈등이 완전히 해결되지는 않았으나 이것은 평안의 시작을 알렸다. 그리스도의 변함없는 약속과 끝 모를 사랑을 신뢰하자 번연에게 확신이 찾아왔다. '결코'라는 차별을 모르는 자비의 말씀에 위로받은 그는 용기를 내어 더할 수 없이 강력한 두려움을 정면으로 응시했다. 겁먹은 범죄자처럼 도망치지 않고 등을 돌려서 이전의 예수님에 관해 털어놓았던 발언을 있는 그대로 바라보았다. "주님의 뜻이라면 떠나시도록 내버려 두자." 그는 어째서 이 말 때문에 몇 달을 아주 우울하고 고통스럽게 보냈을까? 발언의 대상을 잘 알지 못했기 때문이다.

구세주에게는 떠날 자유가 있어도 그러지 않는다는 것을 번연은 깨닫지 못했다. 주님은 사랑하기 때문에 배반한 죄인을 끝까지 포기 하시지 않는다. 삶이 지속하는 한 희망은 멈출 수 없다. 엄격한 에서 의 경고와 함께 가장 큰 고통을 안겨준 신약성경의 편지가 이제는 무한한 긍휼의 소식을 전해주었다. "그러자 성경이 내게 희망을 안 겼다. '결코 너를 떠나지 아니하고 버리지 아니할 것이라' … 내가 말했다. 주님, 하지만 내가 주님 곁을 떠났습니다. 그러자 또다시 대 답이 주어졌다. '하지만 나는 너를 떠나지 않을 것이다.'" 히브리서 13장 5절(수 1:5)의 약속을 받아들이자 곧장 평안이 찾아왔다.

「죄인의 괴수에게 넘치는 은혜」의 핵심 주제는 '하나님 말씀의 적용'이다. 번연은 성경과 함께 시간을 보내자 세 가지 일이 일어났 다고 소개했다. 첫째, 성경은 그가 곤궁한 사람이라는 것을 일깨워 주었다. 이어서 성경은 성경 인물들의 힘겨운 삶이 달라졌다는 유용 한 사실을 강조했다. 그리고 셋째로 그 인물들의 필요에 응답할 수 있는 하나님이 번연에게도 동일하게 대하기를 바라신다는 것을 보 여주었다. 번연이 믿음을 추구하는 과정에서 성경의 중요한 역할을 털어놓은 내용은 하나님 말씀을 일상의 삶에 비슷한 방식으로 적용 하려는 우리에게 역시 적절하다.

첫째, 번연처럼 성경이 우리를 몹시 불편하게 만드는 순간이 있 을 수 있다. 성경은 우리를 있는 그대로 보여준다. 시간을 갖고 묵상하며 성경을 읽으면 거의 의식하지 못하는 순간에 등장인물이 아주 선명한 거울로 바뀌기 시작한다. 성경을 읽는 사람이 심각한 상태라면 성경은 다른 사람의 죄를 단순히 묘사하는 수준에서 멈추지 않는다. 성경은 우리 죄를 폭로한다. 번연은 하나님의 선물을 거절하는 위험을 벗어날 수 있는 에서를 언급한 내용을 남김없이 살필 수 있는 탐조등이 필요했다. 눈앞의 이익 때문에 타고난 권리를 스스로 박탈한 에서는 괴로운 처지에 놓인 번연과 다르지 않아 보였다. 에서는 더할 수 없이 고귀한 하나님의 선물을 단박에 거절한 사내였다. 번연의 사례에서는 그리스도가 제안한 용서와 새 삶을 거절한 것을 가장 큰 죄로 보여주는 듯했다. 그런데 그런 노출이 당연해도 에서의 경고보다 중대하고 절박한 게 따로 있었다.

구도자였던 번연은 다른 사람에게 주어진 자비로운 도움을 구체적으로 소개하는 성경의 내용 역시 필요했다. 성경에 관한 놀라운 사실 가운데 하나는, 잘 알려진 인물이 죄를 범하면 인정사정없이 있는 그대로 폭로하는 것이다. 아브라함, 야곱, 모세, 다윗, 히스기야, 베드로, 도마, 야고보, 요한, 그리고 나머지 제자들은 도덕적으로 결함이 있었다. 엄청난 죄를 저질렀고, 또 알면서도 그런 행동을 하는 우리와 다르지 않았다. 성경은 죄인의 배반, 폭로, 죄책감, 회개, 용서와 평안을 말한다. 번연이 용서받을 수 있다고 담대하게 믿게 된 것은 다른 사람에게 전해진 하나님의 자비를 뒤좇았기 때문이다. 우리 역시 일상에서 성경이 필요하다. 그러면 우리는 하나님이 과거에 얼마나 자비하셨고, 또 긍휼과 도움을 구하는 이들에게 지금도 여전하시다는 것을 확인할 수 있다.

게다가 번연은 다른 사람의 사례를 압도적으로 뛰어넘는 무엇인가를 깨달았다. 스스로 성경을 읽다가 성경 속 인물들이 하나님 약속을 철저하게 의지했다는 것을 알게 되었다. 그들의 경험 덕분에 용기를 내었고, 하나님의 성실하심에 마음을 빼앗겼다. 사람들의 마음을 파고들었던 약속이 번연의 귓전을 울렸다. 매일의 성경 읽기와 여유 있는 진리 묵상은 하나님 약속을 품은 무궁무진한 보고이다. 보물은 바로 여기에 있다. 단순히 하나님을 위해 일하라는 요구가 아니라 우리를 위해 하나님이 일하신다는 약속이 바로 여기에 있다. 하나님의 선물, 재물, 풍성함, 관대함은 여기에 기록되어 있다.

만일 계속되는 영적 순례의 내용을 기록으로 남기면 우리 삶에서는 하나님 약속에 얽힌 이야기가 두드러질 수밖에 없다. 우리가 우리일 수 있는 것은 하나님이 말씀을 지키셨기 때문이다. 특별한 상황을 기록한 구약성경의 어떤 구절은 감동이면서 동시에 도전이 된다. "하나님은 사람이 아니시니… 어찌 그 말씀 하신 바를 행하지 않으시며 하신 말씀을 실행하지 않으시랴"(민 23:19) 매일 성경을 읽고 기도하는 시간에 있는 힘껏 성경의 약속을 찾아보고, 그것을 기록하고 나서 하나님이 약속을 지킨 특정 사례들을 따로 검토해 보면 어떨까? 이 무궁무진한 금광에서 모든 것을 끌어내려면 적지 않은 시간이 필요할 것이다.

친구들의 격려

번연은 일찍이 성경을 가까이했으나, 헌신적인 신자들에게 하나님 말씀을 듣고는 처음으로 강력한 영향을 받았다. 당시까지 그리스도를 제대로 알지 못한 그는 어떻게든 자신의 의를 고집하려고 했다. 그리스도인 여성 서너 명이 함께 모여 나눈 대화가 그 모두를 바꾸어 놓았고, 그리스도 안에서 새로운 삶을 추구하도록 만들었다.

당시 번연은 종교적인 주제에 관심이 많아서 그 여성들에게 가까이 다가가서 대화를 들었다. 여성들의 대화 내용은 간단하지 않았다. 믿음을 추구하는 과정이 극도로 고통스러웠던 시절도 있었으나, 번연은 그 모든 것 덕분에 베드퍼드 신자들이 베푼 사랑을 말로 다 할 수 없을 정도로 소중하게 여겼다. 그는 이 첫 번째 경험을 돌아보다가 오랜 고통이 확실히 유용했다는 것을 깨달았고, 나중에 다른 사람을 돌보는 지도자가 되고 나서는 그 사실을 있는 힘껏 소개했다. 이 여성들과 동료들은 그리스도를 모르는 구도자 번연을 돕기 위해 적어도 여섯 가지 방법을 활용했다.

첫째, 그들의 직접적인 간증은 감동적이었다. 번연은 "햇볕을 쬐며 문 앞에 앉은 서너 명의 여인들"을 만났는데, 그들은 "하나님에 관해 이야기를 나누고 있었다." 대화를 듣기는 했어도 내용은 조금도 파악할 수 없었다. "주제는 거듭남과 하나님이 마음에 영향을 미치는 것"이었다. 여성들은 과거의 불신앙과 함께 종교 행위와 도덕적 노력으로 의로워지는 게 얼마나 불가능한 일이었는지 솔직하게 시인했다. 그런 고백이 중요하기는 했지만 여성들은 잘못만 늘어놓지는 않았다. 그리스도가 자신의 삶을 돌보신 것을 찬양했다.

여성들이 "성경의 언어로 아주 즐겁게, 그리고 아주 품위 있게 말해서" 번연은 "그들이 신세계를 발견한 것처럼" 느낄 정도로 감명받았다. 여성들의 삶에 주어진 하나님 은혜에 대한 간증은 그에게 곧장 영향을 미쳤다. 그리스도인의 모습에 관한 그릇된 생각이 모습을 드러냈다. 번연은 그들의 신세계를 경험하고 싶었다. 변화를 가져온 만남을 돌아보니 여성들의 간증은 나름 네 가지 특징이 있었다. 간증은 확신과 권위가 있었고 사실적이었고 물리치기 어려웠다.

여성들은 확신에 차서 말했다. 그들은 예수님을 인격적으로 알고 있었다. 때문에 "하나님이 주 예수 그리스도를 통해 사랑으로 활기를 불어넣은 말씀과 약속으로 어떻게 자기 영혼을 찾아오셨는지" 서로 이야기했다. 여성들은 권위 있게 말했다. 여성들은 단지 자기가 겪은 것뿐 아니라 다른 사람에게도 일어날 수 있는 일들을 소개했다. 그들은 자신을 지지하는 성경 구절들을 번연에게 따로 소개했다. 그들이 누리는 권위는 과거의 경험에 국한되지 않았고, 모두를 위해 하나님 말씀 안에 기록되어 있었다.

여성들은 있는 그대로 말했다. 그들은 그리스도인이 되었을 때 모든 게 만족스러웠다고 주장하지 않았다. 격렬한 갈등을 스스럼없이 털어놓았고, '사탄의 꼬임과 유혹'과 새롭게 발견한 믿음을 헤치려고 악마가 사용한 여러 가지 교묘한 방법을 들려주었다. 그들은 쉽게 그리스도인이 되는 법을 전혀 말하지 않았다. "사탄의 강력한 공격을 어떻게 감당했는지", 또 자신의 한계를 뛰어넘는 능력을 어떻게 받았는지 소개했다.

여성들의 발언은 물리치기 어려웠다. 그들의 환한 얼굴을 바라보며 꾸밈없는 대화를 듣는 순간 무엇인가 번연의 영혼을 끌어당겼다. 번연이 가장 크게 감동한 것은 이 여성들이 말하는 내내 '은혜받은 게 역력한 모습'이었다. 그들은 '기쁜 나머지 말하지 않고는 못 배기는 것처럼' 그리스도에 대한 경험을 소개해서 번연은 길을 가면서도 '그들이 주고받은 대화'가 동행하는 것 같았다.

번연은 당시 기억을 단 한 순간도 잊지 않았다. 그는 자기 신앙 여정을 설명하다가 여성들이 대화를 나누던 그 대목을 매력적이고 효과적인 전도 방법으로 제시한다.

둘째, 그들의 철저한 생활방식이 자극을 주었다. 몇 주 동안 그는 여성들과 베드퍼드 독립교회 동료들을 만나면서 그들과 가까이 지내야 한다는 것을 깨달았다. 그들에게는 특별한 무엇이 있었다. 그들은 그저 말로 끝내지 않고 삶 자체로 말했다. 그리스도를 닮은 남다른 그들의 행동에 매료된 번연이 보기에 "그들은 이마에 천국의 큼직한 인을 받고 걸어 다니는 것" 같았고, 그래서 함께 어울리고 싶은 마음이 간절해졌다. 그들은 매일 그리스도를 위한 삶을 살려고 최선을 다하면서도 마음은 하늘나라에 고정되어 있었다. 번연의 느낌에 여성들은 "어느 높은 산 양지바른 곳에 모여 앉았지만" 자신은

"추운 곳에서 서리와 눈과 먹구름 때문에 추위에 움츠린 채 떨고 있는 것" 같았다. 그들이 있는 곳으로 가려고 해도 가로막은 벽 때문에 추운 곳을 벗어날 수 없었다. 벽의 틈새는 "너무 비좁았다."

그는 이 환상의 의미를 따져보다가 양지바른 산은 그리스도인이 도달하는 신앙의 길이라고 생각하게 되었다. 환상의 의미는 아주 분명했다. 비좁은 벽의 틈새를 통과하려면 전적인 헌신이 필요했다. 번연이 단독으로는 믿음을 소유할 수 없으니, 하나님은 그가 믿음을 더욱 갈망하도록 순수한 그리스도인들을 본보기로 삼으셨다. 세속주의와 물질주의, 다원주의 사회에 속한 우리는 자기 생활방식이 얼마나 기독교적인지, 복음을 전할 때 그것이 제대로 능력을 발휘할 수 있는지 질문할 수 있다. 아니면 샘스터처럼 질문을 충격적으로 바꿀 수 있다. "어떤 사람들은 나 때문에 그리스도의 교회에 들어오지 못하는 게 아닐까?"

셋째, 그들은 환대했다. 베드퍼드 그리스도인들은 번연이 그리스도 안에서 평안을 누리도록 아낌없이 도왔다. 그들은 그를 곧장 존 기퍼드 목사에게 소개했다. 기퍼드는 번연과 개인적으로 대화하고 따뜻하게 격려하는 데 기꺼이 시간을 할애했다. 그는 번연을 교회는 물론 집으로 초대했다. 번연은 '새로운 눈으로 성경을 읽기' 시작했다. 답을 요구하는 문제와 고통스러운 유혹 때문에 번연은 노련한 친구와의 토론이 필요했다. 기퍼드가 이런 토론을 위한 작은 모임에 집을 개방해서 번연은 '하나님이 영혼을 다루는 것에 관해서' 목사가 '다른 사람들과 대화하는' 것을 들을 수 있었다.

기독교는 역사적으로 필요한 사람들에게 집을 개방했다. 초기 그리스도인은 처음에 가정에서 만났고, 오랜 세월 동안 무수한 구도자가 개방된 가정에서 따뜻한 환대를 받으면서 그리스도를 만났다. 지금도 세계 각지에서 사랑을 나누고 복음을 전하고 외로움을 달래고 기도를 격려하고 성경 공부를 지원하고 교제를 돈독히 하고 짐을 함께 나누는 데 가정이 활용되고 있다. 어쩌면 우리는 번연이 목사의 환대로 신세 진 것을 묵상하다가 그리스도를 위해 가정을 활용할 수 있는 더 많은 방법을 차분하게 생각해 볼 수 있다.

넷째, 여성들과 동료들의 순수한 사랑이 위로가 되었다. 번연에게 도움을 제공한 것은 목사뿐이 아니었다. 회중 전체가 진심으로 그를 대했다. 그가 쉽게 믿음을 가질 수 없다는 사실을 곧장 파악했기 때문이었다. 번연이 평안과 확신에 도달하기까지는 상당한 갈등이 있어서 그들은 오랫동안 옆을 지키면서 있는 힘껏 도왔다. 극심한 유혹과 의심, 두려움을 털어놓자 "그들은 동정해서 하나님의 약속을 들려주었다"라고 번연은 말한다.

계속되는 시험을 겪는 번연을 도우려면 상당한 수준의 인내와 기술이 필요했다. 그가 반복해서 공포와 내적 고통을 겪는 바람에 거의 분노가 치밀 때도 당연히 있을 수 있었다. 번연은 지난 일을 돌아보다가 일부 끔찍한 생각은 '다른 사람이 보기에 한심했을' 것이라고 인정한다. 그렇다고 해도 그들의 도움은 조금도 부족하지 않았다. 이따금 죄책감이 너무 지나쳐서 몸에 영향을 끼치기도 했다. "나는 이 공포 때문에 심하게 위가 막히고 열이 오르는 것 같았고… 늑골이 산산이 부서진 느낌이었다." 다행히 베드퍼드교회에는 고통을 이해하고 특이한 행동을 받아주고 상처받은 영혼에게 언제나 필요한 사랑과 관용을 베푸는 교인들이 있었다.

모든 그리스도인이 그런 식으로 도움을 제공하지는 않았다. 언젠가 정신적으로 상당히 혼란스러웠을 때 번연은 자신이 용서받을 수 없는 죄를 범한 게 아닌지 너무 두려워서 어느 사내에게 물으니, 돌아온 대답은 고작 "자신도 그렇게 생각한다"라는 것뿐이었다고 소개한다. 고통을 겪는 영혼의 평안에는 도움이 되지 않는 답변이었다. "그러므로 여기서 나는 차가운 위안을 얻었을 뿐이다." 이런 형태의 영적 미로를 벗어날 방법을 찾는 사람들을 도우려면 성경에 대한 지식은 물론 상당한 감수성과 유연함이 필요하다. 우리는 모든 답변을 알 수 없으니 괴로움을 겪는 사람에게 가장 잘 응답할 수 있는 탁월한 지혜가 요구된다. 하지만 우리는 모두 사랑을 보여줄 수 있고 또 그렇게 해야 한다.

다섯째, 그들의 성경 지식이 영감을 주었다. 번연은 성경에 기록된 하나님의 아주 많은 약속을 여성들이 기뻐하는 것에 주목하면서 그 진리를 자기 몫으로 삼고 싶었다. 번연의 영적 순례에 대한 존 기퍼드의 위대한 공헌은 신앙을 갈망하는 이들은 그저 교회 의자에 앉은 채 설교자가 강단에서 하는 말을 수동적으로 받아들이면 안 된다는 사실을 직접 보여준 것이다. 진리는 들어야 할 뿐 아니라 받아들이고 환영해야 하며 자기 것으로 삼고 우리를 위한 하나님의 특별한 말씀이라는 성령의 확증이 있어야 한다. 기퍼드는 교인들에게 성경의 위대한 본문을 이해하고 성경의 진리에 지성적으로 동의하는 것보다 신앙에 더 중요한 게 있다고 격려했다.

성경의 약속은 각자에게 직접 영향을 발휘하지 않으면 안 된다. 기퍼드의 신앙적인 설교가 번연에게 성경의 교훈에 대한 욕구를 자극했고, 설교자가 아무리 탁월해도 "진리에 입각하지 않은 그 어떤 진리"도 따르지 않도록 촉구했다. 그는 "천국의 증거", 즉 성경의 진리는 유효하고 긴급할 뿐 아니라 필요에 곧장 적용해야 한다는 성령의 내적 증언을 따라야 한다. 말씀의 실체를 "확신할 수 있도록 하나님께 강력하게 부르짖어야" 했는데, 그는 그대로 실천했다. 기퍼드의 가르침 덕분에 성경을 파고들 수 있었다. 일상적인 질문자가 아니라 마치 양식이 절실한 굶주린 걸인 같았다. 양식이 어디에 있는지 또 어떻게 그것을 얻을 수 있는지 보여주는 성령의 역사를 새롭게 의지해서 살폈다. 성경에 기록되고 설명되고 제시된 양식은 그리스도 안에서만 구할 수 있는 생명 그 자체를 위한 빵과 물이다.

끝으로, 그들의 믿음의 기도가 힘이 되었다. 번연은 이 신자들이 신앙적인 문제를 대화로 끝내지 않는다는 것에 주목했다. 모임을 통해 하나님과 깊고 지속적인 대화를 나누었다. 그들의 중보사역을 알고 있는 번연이 도움을 청한 것은 아주 자연스러웠다. 그는 죄의 확신과 심한 마음의 고통을 겪기 시작할 때 "하나님 사람들의 기도"를 갈망했고, 그들이 자신을 위해 정기적으로 세심하게 확신하면서 기도할 것을 의심하지 않았다.

번연이 베드퍼드 신자들의 기도를 의지한 것은 우리에게 필수적인 중보사역을 일깨운다. 우리는 모두 생각보다 다른 사람의 기도에 훨씬 더 많은 신세를 지고 있고, 그런 믿음 때문에 다른 사람들을 위해 정기적으로 기도하지 않을 수 없다. 우리 기도는 별다른 고민 없이 개인 문제, 가정, 가족, 가까운 친구, 자신이 속한 교회를 중심으로 초점을 맞출 수 있다. 기도하는 삶이 활기차고 효과적이며 건강하기 위해서는 더 넓은 시각이 필요하다. 그리스도인은 누구든지 다른 사람의 필요를 하나님 앞에 정기적으로 전달해야 한다. 예컨대, 우리와 다른 문화와 나라에서 그리스도를 위해 사역하는 동료 선교사들이 기도의 후원을 기대할 때 지혜롭게 그들의 필요에 관한 정보를 갱신하면서 그렇게 해야 한다.

기독교 서적

번연은 동시대 사람은 물론 신앙의 선배들에게 도움을 받았다. 성경은 그의 삶에서 가장 중요한 책이었으나 다른 책들 역시 각별한 의미가 있었고, 영적 자서전에서 거론할 정도로 중요했다. 우리는 지금의 신앙생활을 격려하고 신자의 성숙에 도움을 주는 과거의 문헌이 적지 않다는 것을 염두에 둘 필요가 있다.

처음에는 두 권의 책이 번연의 영적 여정에 사용되기 시작했다. 그는 1649년에 경건한 아버지를 둔 여성과 결혼했는데, 부인은 결혼 전에 이미 세상을 떠난 아버지의 거룩한 삶을 자주 거론했다. 갓 결혼한 부부의 보잘것없는 살림살이에는 늙은 그리스도인 아버지가 딸에게 물려준 두 권의 책이 있었다. 아서 덴트(Arthur Dent)의 「평범한 사람이 천국에 이르는 좁은 길」(Plain Man's Pathway to Heaven)과 루이스 베일리(Lewis Bayly)의 「경건의 실천」(The Practice of Piety)이었다.

그리스도인의 여정을 그리는 첫 번째 책은 나중에 번연이 유명한 우화에서 발전시킨 순례라는 주제를 떠올리게 했을지 모른다. 만일 그가 꼼꼼히 책을 읽었다면 복음의 도전을 피하기 어려웠을 것이다. 아서 덴트가 책에서 제시한 두 개의 주제, 즉 하나님의 법과 그리스도인의 갈등이 번연의 예민한 양심을 건드린 것으로 보인다.

덴트는 하나님의 법이 갖는 중요성, 특히 십계명과 '자기 성찰'을 강조한다. 십계명은 우리의 동기와 욕망을 다룬다. 우리의 행위가 아니다. 하나님의 법은 영국 청교도 전통에서는 중요한 주제였다. 핵심은 겉보기에 잘 드러나지 않는, 즉 마음과 생각으로 짓는 탐욕의 죄를 폭로하는 열 번째 계명을 구체적으로 언급하는 방식으로 전해졌다. 번연에게는 마음의 죄에 대한 예민함이 분명히 남아 있었다.

덴트의 책이 제시하는 두 번째 주제 덕분에 번연은 그리스도인이 완벽하게 용서받았더라도 언제나 죄악과 싸워야 한다는 것을 알게 되었다. 맞서 싸워야 할 필요성을 제거하는 은혜의 경험은 존재하지 않는다. "새로운 피조물, 또는 새로운 은혜의 작품은 이 삶에 완벽하게 적응한 게 아니라 줄곧 적응을 계속하는 것"이기 때문이다.[8]

번연의 아내가 결혼지참금으로 가져온 또 다른 책은 루이스 베일리의 「경건의 실천」이었다. 베일리는 뱅거(Bangor)의 주교가 되었고, 덕분에 그의 책 역시 17세기에 상당한 인기를 누렸다. 덴트의 책과 달리 일반적인 소설 형식이 아니라 전적으로 칼뱅적 관점에서 집필한 충실한 경건 서적이었다. 번연은 이 책에서 '즉흥적 묵상', 즉 영적 실체를 일깨우려고 일상의 사물을 활용해서 진리가 마음에 한층 강한 인상을 남기는 묵상을 처음 접한 것 같았다. 그것은 영국 청교도들이 17세기에 발전시킨 경건 훈련이었고, 베일리는 신자들의 영적 삶을 위한 하나의 방법으로 소개했다. 밤에 잠자리에 드는 것은 고단한 최후의 잠을 떠올리게 하고, 아침에 일어나는 행위는 부활을 예시한다. 아침의 닭 울음소리는 자만했던 어느 제자의 부정을, 밝은 햇빛은 날개로 치유하는 의의 태양을 상기시킨다.[9]

번연은 「죄인의 괴수에게 넘치는 은혜」에서 '즉흥적인 묵상'을 구사한다. 하루는 죄에 짓눌린 채 들판을 걸으면서 자신의 한심한 처지를 곰곰이 생각했다. 요한일서 1장 7절이 그를 '사로잡았다.' "그 아들 예수의 피가 우리를 모든 죄에서 깨끗하게 하실 것이요." 그는 자신의 죄를 "그리스도의 피와 비교하면 내가 여기서 바라보는 이 광활하고 넓은 들판의 작은 흙덩어리나 돌멩이에 불과하다"라고 생각했다.

번연은 이 두 권의 책이 믿음으로 곧장 안내하지는 않았지만 덕분에 영적 문제에 깊은 관심을 두는 데 도움이 되었고 점차 그 필요성을 일깨운 일련의 지속적 사건의 일부였다고 말한다. 이런 특별한 책들에 대한 번연의 발언은 우리 역시 친하게 지내는 불신자, 이웃, 직장동료에게 괜찮은 기독교 문헌으로 무엇보다 중요한 문제에 대한 갈망을 자극할 수 있다는 사실을 새삼 일깨운다. 이것은 본격적으로 전도를 진행하기에 앞서 필요한 작업이다. 그러면 복음이 전달되는 통로가 마련된다. 요즘 사람들은 C. S. 루이스 같은 작가들이 비슷한 책을 전해준 것에 감사한다. 그들은 지적으로 상당히 곤란한 문제를 정면으로 다루었다.

번연의 삶에 더 큰 영향을 끼친 책은 몹시 힘들 때 하나님의 특별한 선물로 여겼던 루터의 갈라디아 주석이었다. 그는 불경에 대한 죄책감과 용서받을 수 없다는 생각 때문에 괴로워하면서 위로와 희망의 소식을 갈망했다. 어쩌면 자신이 태어나기도 전에 집필되었을 책이 담고 있는 "과거의 어느 경건한 사람의 경험"을 강하게 겪어보고 싶었다. 손에 넣은 루터의 주석 사본이 거의 분해될 정도였지만 번연은 겨우 몇 장을 읽고 루터의 경험이 자신의 처지를 묘사하고 있다는 것을 깨달았다. "그의 책이 내 마음을 기록한 것 같았다." 그는 신세 진 것에 크게 감사하면서 루터의 작품을 자신이 읽은 모든 책 가운데 성경 다음으로 가장 좋아한다고 털어놓는다. "상처 입은 양심에 무엇보다 적합했기 때문이다.”

그 책에 기록된 루터의 경험은 시간과 문화의 장벽을 뛰어넘었다. 신약성경의 서간에 대한 종교개혁자의 해석과 개인적 경험이 수 세기 동안 이어져서 환경이나 사회적 배경, 교육과 지적 능력이 전혀 다른 사내에게 전달되었다. 좋은 책의 독서는 영적 발전에 상당히 독창적으로 이바지할 수 있다. 탁월한 그리스도인들이 수 세기에 걸쳐 집필한 책 가운데 일부를 여유 있게 읽는다면 더욱 그렇다. 리처드 백스터는 십 대 시절 아버지가 소유한 리처드 사입스의 「상한 갈대」를 읽고 큰 영향을 받았다. 윌리엄 윌버포스(William Wilberforce)는 필립 도드리지(Philip Doddridge)의 「영혼의 신앙의 기원과 성장」(Rise and Progress of Religion in the Soul)의 신세를 졌다. 최근에는 많은 사람이 위대한 기독교 고전을 훌륭하게 소개한 리처드 포스터와 제임스 브라이언 스미스의 「신앙 고전」(Devotion Classics)의 도움을 받았다.[10] 이런 작품을 읽는 게 우리 영성을 풍요롭게 만드는 이유는 다양하다.

첫째, 우리의 지평이 확대된다. 우리는 모두 잠시 유행하는 신학의 개념이나 주장에 ‘갇힐’ 위험에 처해 있다. 우리는 이런 현대적인 기독교 주제를 별다른 고민 없이 무척 중요하게 간주하지만 그것은 사실과 다를 수 있다. 유행을 좇는 오늘날의 메시지 가운데 상당 부분은 상호보완적인 성경의 진리로 균형을 잡지 않으면 안 된다. 다른 세대에 속한 작가들은 기독교의 교훈에 관한 필수적인 시각을 갖추도록 도움을 준다. 기독교의 진리 전체를 빠짐없이 완벽하게 균형 잡는 것은 인간의 한계를 벗어나는 일이다. 우리 시대의 일부 주장이 반드시 진리를 모두 다룰 필요는 없다. 우리 사고에는 '맹점'이 존재한다. 그래서 현대적인 기독교의 교훈이 빠뜨린 것은 과거 기독교 역사에 속한 책을 읽을 때 드러날 수 있다.

둘째, 과거의 위대한 기독교 작가들은 우리가 우선시하는 것을 평가하는 데 유용하다. 우리는 기독교적 경건 사역과 실천을 계획하고 표현하는 방법이 그 무엇보다 탁월하고 효과적이라고 생각하지만 반드시 그렇지는 않다. 우리와 다른 시대를 살았던 그리스도인 역시 하나님과 긴밀하게 교제했고 그리스도와의 일체감과 성령의 영감을 경험했다. 우리와 다를 바 없었고 또 어쩌면 대부분 우리를 능가했을지 모른다. 그들이 개인이나 공동의 경험을 소개한 것은 당시 사람들 때문만은 아니었다. 만일 우리가 어떤 진리를 특별히 아낀다면 그것의 가치가 우리 삶에서 끝나기를 바라지 않을 것이다. 다음 세대에게 전해지기를 바랄 것이다. 만일 어떤 진리가 우리를 변화시키고 용기를 북돋우고 개선하고 뒷받침했다면 우리 자손들 역시 당연히 그런 혜택을 누리도록 기대할 것이다. 마찬가지로 우리 조상들도 탁월한 생각을 글로 남기면서 자녀나 미래 세대에게 그 책이 도움이 될 것으로 생각했을 것이다. 그들의 발언이 우리와 무관하다고 생각한다면 잘못된 판단이다.

셋째, 과거 세대 작가들은 신앙생활을 풍성하게 만든다. 그들은 기도와 묵상의 경험 덕분에 개인의 영성에 유용한 차원을 발견해서 경배와 간구, 중보기도에 눈떴다. 하나님에 대한 사랑의 표현은 영적 선배들과 크게 다르지 않았다. 그리스도의 제자라고 불리는 것은 특권이다. 그 뜻은 '배우는 사람'이다. 우리가 같은 시대를 사는 이들에게 기꺼이 배우려고 한다면 과거의 사람들에게 배운다고 해서 문제가 될까?

넷째, 그들은 우리의 헌신을 돌아보게 한다. 관련된 이야기를 읽으면 그들의 용감한 삶, 굳은 의지, 인내와 사랑에 빠져든다. 그들은 "구름같이 둘러싼 허다한 증인들"(히 12:1-2)에 합류해서 하나님의 성실함과 관대함을 증언하고 경주에 나서도록 격려한다.

다섯째, 과거 사람들은 우리의 확신을 강화한다. 만일 그들이 엄청난 시험과 장애물을 마주한 것을 하나님이 목격하셨고, 또 상당한 개인적 약점을 창조적으로 감당하게 하셨다면 우리는 과거에 도움을 베푼 하나님이 앞으로도 실망하게 하지 않을 것을 한층 강하게 확신할 수 있다.

영감 있는 설교

번연은 영적으로 극심한 고통을 겪는 동안 루터의 주석을 읽고 훌륭한 설교를 들으면서 도움을 받았다. 그는 17세기 어느 설교자가 구약성경 본문을 어떻게 해석했는지 탁월한 사례를 제시한다. 번연은 죄책감을 벗어나지 못할 때 접했던 설교를 떠올린다. 당시 그는 세상 사람들이 모두 자신보다 낫다고 생각했고 '내적 악함과 타락한 마음' 때문에 자신이 악마와 크게 다르지 않다고 생각했다. 그런데 '위로의 순간이 닥쳤을 때' 설교자는 아가서 본문("내 사랑 너는 어여쁘고도 어여쁘다")을 소개하면서 낱말 두 개('내 사랑')를 강조했다(아 4:1). 설교자는 설교의 주제를 다섯 개로 전개했다. 그리스도는 교회를 사랑하신다(종종 다른 이들에게 미움을 받지만). 그리스도는 이유 없이 사랑한다. 그리스도는 엄청난 미움을 받으면서도 사랑을 베풀었다. 그리스도는 우리가 극도로 의심할 때도 우리를 사랑한다. 그리고 그리스도의 사랑보다 인생에서 더 중요한 것은 있을 수 없다.

번연은 설교자가 네 번째 주제를 언급하기 전까지는 별다른 감흥이 없었다고 말한다. 사내가 '도망치려는 유혹에 시달리는' 이들은 '구원받은 영혼을 그리스도가 사랑한다'라는 것을 명심해야 한다고 강하게 주장하자 그는 자세를 바로잡았다.

그러니 시험을 받는 불쌍한 영혼이여, 시험은 물론 하나님이 얼굴을 가려서 괴롭고 고통스러워도 '내 사랑'이라는 두 개의 낱말을 계속 기억해야 합니다.

집으로 돌아가는 동안에도 두 개의 낱말이 번연의 머리를 떠나지 않았다. 덕분에 그때 여전히 자신을 사랑하는 주님에 대한 괴로운 생각들을 벗어날 수 있었다. 낙심한 영혼이 설교자의 확신에 찬 강력한 메시지 덕분에 고개를 들었다.

> 그러자 그 말씀이 뚜렷해지고 힘을 발휘하면서 "나는 너를 사랑한다. …그리고 그 무엇도 너에 대한 나의 사랑을 끊을 수 없다"라는 말이 몇 번이고 거듭 마음에서 즐겁게 울렸다.

설교자는 그리스도의 사랑에 대한 메시지를 전하면서 몇 가지 탁월한 시도를 했다. 그는 지엽적인 문제에 시간을 할애하지 않고 어마어마한 성경의 교리가 다룬 한 가지 주제에 집중했다. 설교자는 그리스도를 드높였다. 메시지를 잊을 수 없는 짧은 표현으로 몰아감으로써 매력적인 주제를 쉽게 떠올리게 했다. 그는 현재의 경험 때문에 그리스도의 사랑을 의심할 수 있는 이들에게 공감을 표하는 설교를 통해 목회에서 반복되는 문제를 거론했다. 그런 상황을 벗어날 수 있도록 실질적인 도움을 제공했다. 누구나 붙잡고 이야기하고 싶을 정도로 영향이 강력했다.

우리는 설교자의 이름을 알 수 없으나 번연은 그 설교를 절대 잊지 않았다. 여성들과 나누었던 대화처럼 그 사건은 그리스도를 직접 안내하는 중요한 역할을 했다. 번연의 긴 여정은 단기간에 끝나지 않았지만 그날의 설교에 대한 감사는 압도적이었다. 당시 상황을 여기에 소개할 필요가 있다. "내게 베푸신 하나님의 사랑과 자비를 알리고 싶은 생각뿐이었다. 눈앞에 펼쳐진 밭에 내려앉은 까마귀들에 게조차 털어놓고 싶었다."

영적으로 성숙할 수 있도록 은혜를 나누라

번연은 책의 결론 부분에서 목회적 관심을 한층 강하게 표현한 다. 그는 자기 이야기가 복음을 설득력 있게 전달해서 불신자에게 죄의 심각성과 은혜의 기적을 확실하게 일깨우게 하고 싶어 하면서 도 일차적으로는 그리스도인을 위해 글을 쓴다. 그들의 영적 싸움을 위한 '아버지로서의 걱정과 바람'은 영적 갈등과 감옥생활이 영적 삶을 풍요롭게 만든 방법들을 분명하게 드러낸다. 온갖 고통과 분노 에도 그는 자신이 "이런 시련이 없었더라면 존재하지 못했을" 것이 라고 말하면서 덕분에 얻은 교훈에 감사한다. 그는 "전투에서 얻은 전리품"을 길게 거론하고는 다른 그리스도인이 자기 경험에서 도움 을 받고 영적으로 성숙하기를 기대한다. 어쩌면 그의 글은 우리가 힘겨운 순간을 보낼 때 주어지는 은혜와 어둠을 밝히는 빛을 확인하 는 데 유용할 수 있다.

그런 것들을 생각하게 되면 모든 것이 우리와 맞설 때 하나님의 가장 좋은 선물을 준다는 것을 깨닫게 된다. "밤에 부르는 노래"는 사라지지 않고 묵상의 결과이면서 우리가 이미 분명히 받은 도움에 대한 증언으로 글 안에 기록되지 않으면 안 된다. 번연이 자신의 과거를 기록할 때 역경이 신자에게 가져다주는 축복을 묵상하는 과정에서 위대한 다섯 가지 주제가 등장한다.

하나님의 거룩함

번연은 자신이 겪었듯이 시험은 하나님의 초월적 거룩함을 제대로 의식하는 데 도움이 된다고 확신한다. 그리스도에게 버림을 받았을까 두려워하던 고통스러운 시간을 회상하다가 그는 "시험을 통해 얻은…" 유익을 소개하려고 한다. "이 덕분에 나는 영혼 안에서 하나님의 현존과 영광을 아주 놀랍게 지속적으로 깨닫게 되었다." 따라서 그리스도와의 첫 만남이 '두려움과 공포를 강하게 느끼는 방식'이었으나 그 덕분에 영적 실체를 가벼이 여기던 과거 행동에서 빠져나올 수 있었다. 그는 자신의 적당한 종교적, 도덕적 성취에 만족하면서 하나님으로부터 인정을 받을 수 있다고 생각했지만 하나님의 거룩함이 일깨운 불안한 마음은 영적 순례의 첫걸음이 되었다. 경외는 극히 중요하다. 위대한 하나님을 조금이라도 깨닫지 않는다면 그리스도인의 삶에서 누릴 수 있는 특권과 책임을 누구도 깨닫지 못한다.

그리스도의 충분함

번연은 자신이 그리스도를 등진 삶을 살고 있는지 두려워하면서 몇 달을 고통스럽게 보낼 때도 모든 그리스도인의 근본이 되는 그리스도가 얼마나 절실하게 필요한지 깨달았다. 그리스도를 의지하는 마음을 갖게 만드는 경험은 무엇이든 우리에게 도움이 되는 것으로 간주하지 않으면 안 된다.

우리가 확인했듯이 번연이 "내게 오는 자는 내가 결코 내쫓지 아니하리라"(요 6:37)는 그리스도의 언약을 깨닫는 데는 적잖게 시간이 걸렸다. 하지만 일단 깨달은 뒤로는 그리스도의 결코 흔들림 없는 사랑이 살아 있는 진리가 되었다. 오랜 싸움 이후에는 그것에 더욱 감사했다.

결국 압도적인 죄책감마저도 하나님의 자비를 보여주는 한 가지 표현이라는 게 밝혀졌다. 그것은 탕자가 집으로 돌아오는 길이고, 동시에 그것은 감사하면서 하나님 아들을 신뢰하는 곳으로 번연을 이끌어준 길이 되었다.

감옥서 홀로 지내는 동안 번연은 그리스도를 더 깊게 경험하고 위로받았다. "예수 그리스도 역시 지금보다 더 생생하고 확실한 때가 없었다. 여기서 나는 실제로 그분을 보았고 느꼈다." 그는 역경 덕분에 그리스도에 대한 사랑과 감사가 간절해졌고, 그리스도가 삶의 중심에 한층 확고하게 자리를 잡았다.

모든 눈물 가운데 최고는 그리스도의 피가 되어 떨어지는 눈물이다. 모든 기쁨 가운데 최고는 그리스도에 대한 슬픔이 섞여 있는 기쁨이다. 하나님 앞에서 무릎을 꿇고 그리스도를 두 팔로 안는 것은 정말이지 놀라운 일이다.

죄의 심각함

번연이 겪은 시험과 날카로운 죄책감은 인간의 잘못에 대한 피상적 판단을 벗어나서 교만한 마음을 제대로 바라보게 했다. 그렇지만 죄의식은 순례 초기에만 국한되지 않았고 영적 자서전에서 중요하지 않은 것으로 간주하지도 않았다.

결론 부분에서까지 번연은 하나님에 관한 모든 깊은 경험에 감사하지 않는 냉담함과 기도 형식으로 싸움을 계속한다. 성숙한 그리스도인이 된 그는 줄곧 마음에 존재하는 죄가 상당한 고통을 안겨주어도 하나님의 지혜 덕분에 이 역시 유용하다는 것을 알고 있다. 고통스러운 죄의식은 자기 능력을 불신하게 만든다. 더욱 간절하게 기도하게 하고 인생의 시험과 유혹이 도움이 되도록 그리스도를 통해 하나님을 바라보도록 몰아간다. 죄에 대한 현실적인 자각은 건강한 영적인 생활을 구성하는 중요한 요소이다.

하나님 말씀의 자원

번연은 역경에서 더 많은 것을 발견했다. 하나님 말씀이라는 무한한 자원의 진가를 깨달았다. 의심이나 절망과의 계속되는 싸움의 결과는 결국 성경의 언약에 대한 감사와 신뢰였다. 빈털터리가 단번에 벼락부자로 변신했다. "이제 성경 역시 내게는 놀라운 것으로 바

꿰었다. 진리와 거기에 담긴 진실은 천국을 여는 열쇠였다."

나중에 감옥서 시간을 보내면서 성경을 더욱 사랑하게 되었다. 이전에는 그냥 넘겼던 소중한 것들을 구석구석에서 찾아내기 시작했다. 그는 감옥서 이런 글을 남겼다.

나는 평생 지금처럼 하나님 말씀으로 이어지는 아주 거대한 입구를 접한 적이 없었다. 과거에는 아무것도 발견하지 못한 성경의 내용이 그 장소, 그 상황에서 내게 빛을 비춰주었다.

아내, 가족, 그리고 동료 그리스도인들과 떨어져 상실감과 외로움을 느낄 때는 하나님 말씀이 막역한 친구가 되었고, '성경 구절마다' 그의 영혼을 짓누르는 모든 것과 맞설 힘을 불어넣었다.

강력한 의심의 위기가 해결되자 번연은 두 번 다시 지속적인 절망에 굴복하지 않았다. 그렇다고 모든 그리스도인이 간혹 경험하는 낙심의 고통에서 면역된 것은 아니었다. 오랜 시련의 중압감으로 건강을 해쳤고 심각한 병치레를 여러 번 했다. 그는 신자가 죽음의 가능성을 마주하는 순간 영원한 평안에 관한 믿음을 흩트리려고 아주 적극적으로 움직인다는 것을 깨달았다. '전투에서 얻은' 마지막 '전리품'을 바라보기 시작하는 것은 이런 경험과 관련이 있다.

하늘나라에 대한 확신

번연은 하늘나라에 대한 소망을 눈으로 그려보는 것을 줄곧 계속했다. 죽음이 임박한 것 같을 때는 더 그랬다. 하나님의 약속에 집중하려고 노력했지만 얼마 지나지 않아 과거에 범한 잘못에 정신이 팔리는 바람에 희망이 사라지고 엄청난 죽음의 공포에 사로잡혔다. 하나님의 은총이 또다시 찾아와서 일으켜 세웠다. 덕분에 그는 "우리를 구원하시되 우리가 행한 바 의로운 행위로 말미암지" 않는다는 것을 확신하게 되었다(딛 3:5). 두려움은 오간 데 없었다. "이제는 죽음이 사랑스럽고 아름답게 보였다. 다른 세상으로 떠나지 않으면 실제로 사는 게 아니라는 것을 깨달았기 때문이다."

이것은 하늘나라에 대한 소망을 확실하게 경험한 최초의 순간이었다. 하지만 우리는 갈등이 결국 해소되었다거나 모든 과정이 마무리되었다고 성급한 결론을 내리지 않도록 줄곧 조심해야 한다. 감옥서 치러야 할 싸움이 남아 있었다.

처음 투옥되었을 때 번연은 (비록 근거가 없었으나) 교수형을 당할까 두려웠다. 이 끔찍한 죽음에 직면한 그는 한 번 더 무력함과 죽음의 공포에 압도당했다. 시련과 맞설 위로와 능력을 간구했지만 응답은 없었다. 하나님이 완전히 떠난 것 같았다. 몇 주 동안 그는 길을 잃을까 봐 두려웠다.

마침내 그는 최악의 두려움을 정면으로 마주했다. 길을 잃으면 어찌 될 것인가? 번연은 '말씀과 하나님의 길'을 굳게 붙들어야 할 의무가 여전하다는 것을 깨달았다. 그는 "하나님이 내게 눈을 돌리든 그렇지 않든, 최후에 구원하시든 그렇지 않든… 그분의 말씀을 의지하지 않으면 안 된다"라고 결론을 내렸다. 이어서 사탄이 욥을 비난한 내용이 떠올랐다. 욥이 하나님을 경외한 게 그가 누린 혜택 덕분이라면 전혀 의미 없다는 것이었다. 하나님을 섬겨야 하는 번연의 의무 역시 성실함에 따른 결과로 주어지는 축복에 근거한 조건일 수 없었다. 설사 하나님이 외면해도 자신이 이미 고백한 믿음을 어길 수 없었다.

> 나는 이곳에서 위로를 얻든 그렇지 않든 간에 나의 영원한 상태를 그리스도에게 맡기고 전진하리라. …나는 눈을 감고 사다리에서 영원 속으로 뛰어내려서 가라앉든 헤엄쳐서 천국에 닿거나 지옥에 당도할 것이다. 주 예수여, 건져주시려면 그렇게 하소서. 하지만 그리 아니 하실지라도 주님의 이름을 위해 감당하렵니다.

이 결심 덕분에 큰 위로를 얻었고 하나님에 대한 충성이 순수하다는 확신을 새삼 갖게 되었다. 하지만 동시에 그것은 기독교적 삶의 위대한 역설 가운데 하나를 증명했다. 그런 삶은 자신을 위해 하나님을 섬기려는 이들과 관계가 있지만 하늘의 보상만 기대한 게 아니어도 천국은 그만큼 확실해진다. 따라서 보상을 조금도 기대하지 않고 하나님을 섬기기로 하고 나서 번연은 과거에 가졌던 확신이 훨씬 더 강력하게 회복되었고, 그리스도와 함께하는 즐거움을 미리 맛보도록 허락받았다는 것을 깨달았다. "나는 내세에서 예수님과 함께 지내는… 달콤한 광경을 바라보았고… 나는 이 세상에서는… 결코 말로 다 할 수 없다고 믿는 것을 여기서 눈으로 보았다." 분명히 "전투에서 얻은 전리품"이었다.

번연은 자신이 '괴롭고 억눌릴' 때 주어진 축복을 증언하기 위해 하나님의 은총을 소개한다. 역경은 우리가 그 덕분에 하나님께 더 가까이 가고 그분을 더 의지하도록 깨우치고 세상에서 더 잘 섬기게 만든다면 해로울 게 없다. 번연의 솔직함과 사실적인 묘사는 여전히 우리에게 강력하게 말한다. 우리처럼 동정적인 하나님은 계곡이 아무리 험해도 순례자는 안전하게 집으로 돌아온다고 보장하신다. 오랜 세월 동안 주님은 따르는 사람들이 실망하게 하지 않으셨다. 번연은 변함없는 도움을 확신했다. 우리도 그렇다.

[SECTION 3 _ 주] ....

1) 「존 번연의 기타 작품」(Miscellaneous Works of John Bunyan, Vol. VI, The Poems ed. Graham Midgley, Oxford: Clarendon Press, 1980), vv. 4 & 5, p.43.
2) 월러스, 「칼뱅의 기독교 생활의 교리」(R. S. Wallace, Calvin's Doctrine of the Christian Life, Edinburgh: Oliver and Boyd, 1959), pp.87–93, 218–225.
3) 리처드 사입스, 「…작품들」(Richard Sibbes, Works of… ed. A. B. Groshart, London, 1862), Vol. IV, p.213, p.241.

4) 프랜시스 리들리 해버갈, 「기록」(Frances Ridley Havergal, Memorials, 2nd ed., London:
1881), pp.273-277.

5) 「유고집: 리처드 백스터 자서전」(Reliquiae Baxterianae: The Autobiography of Richard Baxter, I, 1, Everyman ed., London, 1931), p.11.

6) 생스터, 「영적 점검」(W. E. Sangster, A Spiritual Check-up, London: Epworth Press, 1952); 역시 같은 저자의 「빛나는 삶의 비밀」(The Secret of Radiant Life, London: Hodder and Stoughton, 1957) 가운데 2부 '나는 누구인가' 를 볼 것.

7) J. 터너 (편), 「올리버 헤이우드…자서전」(J. Horsfall Turner, ed., Rev. Oliver Heywood…Autobiography, Brighouse, 1882-5) Vol. I, p.58; 올리버 샌섬, 「…의 생애에 대한 주목할 만한 구절에 대한 단편」(Oliver Sansom, A Short Account of Many Remarkable Passages in the Life of…, London, 1710), p.2.

8) 아서 덴트, 「평범한 사람이 천국에 이르는 좁은 길」(Arthur Dent, The Plain Man's Pathway to Heaven, London, 1601), pp.15-16.

9) 루이스 베일리, 「경건의 실천」(Lewis Bayly, The Practice of Piety, London, 1632), pp.238-244. 이 '즉흥적 묵상'의 실행은 토마스 구지, 「청년을 위한 안내서」(Thomas Gouge, The Young Man's Guide), 윌리엄 스퍼스토, 「영적 화학자」(William Spurstow, The Spiritual Chymist), 리처드 백스터, 「성도의 영원한 안식」(Richard Baxter, The Saint's Everlasting Rest)에서도 확인할 수 있다.

10) 리처드 포스터 & 제임스 스미스, 「신앙 고전」(Richard J. Foster and James Bryan Smith, eds., Devotional Classics: Selected Readings for Individuals and Groups, revised ed., London: Hodder and Stoughton, 1993.

존 웨슬리

❖━━━❖━━━❖

일기

" 자유로이 모두에게 우리 자신을 내어주고 "

※ 여기서 인용한 웨슬리의 「일기」는 케노크(N. Curnock)가 편집한 표준
판(Journal, London: Epworth, 1938) 8권을 기준으로 했다.

18세기에는 뛰어난 재능을 발휘한 인물 몇 명이 모습을 나타냈다. 웨슬리는 그 가운데서도 단연 활기가 넘쳤다. 당시 그는 대부분 사람과 달리 오래 살았다. 기간(1703-1791년)을 놓고 보자면 한 세기에 달할 정도였다. 간단히 생애를 소개하고 난 뒤에 그의 유명한 「일기」를 검토하면서 그리스도인의 자질과 은사를 얼마나 생생하게 묘사하는지 살펴보려고 한다. 그 과정에서 「일기」에 담겨 있는 교훈을 직접 확인할 수 있다.

존 웨슬리는 어느 동료 지도자에게 "내 삶을… 글로 소개해야 한다면 세상에 나오기 전으로 돌아가야 한다"라고 말했다.[1] 경건한 부모와 조부모에게 진 빚을 인정한 것이다. 웨슬리는 충동적이고 비현실적이면서도 믿음이 깊은 링컨셔(Lincolnshire)의 목회자 가정에서 태어났다. 아버지 새무얼 웨슬리(Samuel Wesley)는 영국 비국교주의자들이 운영하는 영향력 있는 학교에서 교육받았으나, 가장 뛰어난 학교 두 곳에서 시간을 보낸 뒤 영국 국교회의 확고한 일원이 되었다. 그는 역시 비국교도 혈통의 경건한 성공회 교인 수재너 애니슬리(Susannah Annesley)와 결혼했다. 수재너는 자녀에게 가장 큰 영향을 미쳤다. 존은 열다섯 번째 아이였고, 엡워스(Epworth)에서의 생활은 어렵지 않았다. 어린 시절은 "음식이 부족하지도, 그렇다고 넉넉하지도 않았다." 두드러지지 않은 사소한 문제로 새무얼은 목사로서 인기가 없었다.

존 웨슬리는 다섯 살 때 불길을 피해 다락방 창문에서 구조되었다. 그는 이웃 주민들이 악의를 품고 일부러 불을 질렀다고 줄곧 주장했다. 그는 당시 일을 기적으로 간주하고는 평생 "불에서 건진 타다 남은 나무 막대기"로서 하나님과 당시 사람들을 섬기는 일을 운명으로 받아들였다.

존은 차터하우스(Charterhouse)를 졸업하고 옥스퍼드대학에 입학했다. 나중에 그곳에서 링컨 칼리지 교수가 되었다. 대학 시절 그는 정기적으로 만나 책을 읽고 영적 영감을 구하고 서로 문제를 지적하면서 교도소를 방문하는 모임을 주도했다. 비판적인 학생들은 '홀리 클럽'(Holy Club)이라고 불렀고, 엄격한 규칙을 고수해서 참여자들은 '규칙주의자'(Methodists)라는 별명을 얻었다. 존을 비롯한 몇 사람은 나중에 18세기 종교계를 이끄는 인물이 되었다. 존의 동생 찰스(Charles), 타고난 설교자로 쌍벽을 이룬 조지 휘트필드(George Whitefield), 그리고 유명한 기독교 작가 제임스 허비(James Hervey)가 있었다.

존 웨슬리는 잠시 아버지 목회를 돕다가 1735년 식민지 조지아의 주민을 돌보는 목회를 하러 대서양을 건넜다. 그곳 원주민들 사이에서 선교사역을 하고 싶었기 때문이다. 타고 가던 배가 강력한 폭풍을 만났다. 죽음의 공포에 사로잡힌 존은 함께 탄 승객들의 침착한 믿음과 영성에 감명받았다. 루터교 계열의 대륙 개신교 집단인 모라비아인들이었다. 그들은 따뜻한 인격적 경건과 선교에 대한 적극적 헌신을 강조했다.

조지아 시절은 행복과는 거리가 멀었고, 3년이 지나지 않아 집으로 돌아온 웨슬리는 혼란과 실의에 빠져 한층 철저한 신앙을 모색했다. 런던에서 모라비아인들과의 접촉으로 1738년 5월 24일, 잊지 못할 영적 경험을 했다. 그날 밤 그는 '정말 마지못해' 올더스게잇(Aldersgate) 거리의 모임 장소로 향했다. 그곳에서 루터의 로마서 주석 서문을 읽는 것을 듣다가 '가슴이 이상하게 뜨거워지는' 느낌이 들었다. "하나님이 그리스도 안에서 믿음을 통해 가슴 안에서 역사하시는 변화"를 묘사하는 루터의 글을 듣는 순간 확신이 들었다.

나는 그리스도를 신뢰하는 느낌이 들었다. 구원에는 그리스도만이 전부였다. 그리고 그분이 나의 죄, 심지어 내가 내려놓지 못

한 죄까지 제거하고 죄와 죽음의 법에서 나를 구원하셨다는 확
신을 하게 되었다.

역시 모라비아인들에게 영향을 받은 동생 찰스는 사흘 먼저 선
명한 신앙과 확신을 했다. 대체로 루터의 갈라디아서 주석 덕분이었
다. 둘이 영국 복음주의 부흥의 탁월한 지도자가 된 것은 당연했다.
존이 뛰어난 전도자와 작가, 조직가였다면 찰스는 다작하는 찬송작
사가였다. 찰스는 브리스틀(Bristol) 감리교인들을 위해 20년간 사
역했고 마지막 17년을 런던에서 교인들을 돌보는 데 바쳤다.

회심 이후 수십 년간 두 사내는 엄청난 거리를 여행했다. 말을
타고 다닌 존의 여정은 스코틀랜드와 웨일스, 아일랜드를 정기적으
로 방문하는 것을 비롯해서 훨씬 더 광범위했다. 한 해 거의 1만 3천
km에 달한 전도 여행은 런던과 뉴캐슬, 그리고 브리스틀에서 감리
교가 영향력을 발휘하는 중심지 세 곳을 삼각형을 그리면서 찾아가
는 것이었다. 이렇게 순회를 반복하는 사역에는 기존 감리교 신자의
모임들(신도회, societies)을 교육하고 목회하는 정기 방문 이외에도
강렬한 전도 설교를 포함했다. 청중은 거의 대규모였고 어쩌다가 소
동을 일으키거나 적대적일 때도 있었다.

여행을 계속한 것은 구원을 위한 그리스도의 죽음을 모두에게 전
해야 한다는 강렬한 신학적 확신 때문이었다. 구원의 가능성은 혜택
받은 소수에게 국한된다는 주장을 일체 배격하던 웨슬리는 자신의

대표적인 세 가지 확신을 알리기 위해 언제든 기회가 있을 때마다 설교나 개인적 대화, 글(책과 편지)을 활용했다. 그는 이렇게 확신했다. 첫째, 모두 구원받을 수 있다(제한 없는 구속). 둘째, 그들은 구원받은 것을 알 수 있다(그리스도인의 확신). 셋째, 그들은 모든 죄로부터 구원받았다. 이것은 성결의 교리, 또는 '완전한 사랑'(perfect love)이라고 해서 그가 좋아하는 표현이었다.

헌신적이고 활기찬 지도력 덕분에 그가 세상을 떠날 무렵에는 적어도 설교자 3백 명이 동역했고 추종자는 영국에서만 7만 명을 넘겼다. 동료들이나 미국을 중심으로 한 선교협회의 구성원들까지 굳이 거론할 필요가 없을 정도였다.

웨슬리가 거둔 성공은 경건한 가정교육, 엄격한 훈육, 강한 체격, 조직 기술, 폭넓은 독서, 강력한 확신, 관대한 정신과 사역에 필요한 새로운 동역자의 발굴 능력, 동역자의 각기 다른 재능을 찾아내어 격려한 데 따른 결과였다. 그는 야외에서 설교할 기회를 그냥 흘려보내지 않으면서도 질서와 예의, 품위를 무척 사랑했다. 정돈된 신도석과 높은 강단이 있고, 벨벳 쿠션에 성경을 올려놓은 지역교회에 모여 경청하는 회중을 진심으로 좋아한다고 말할 정도였다. 매일 온갖 종류의 사람과 접촉하다 보니 전도 설교는 선택이 아니라 급히 서둘러야 할 불가피한 문제라고 확신하게 되었다. 일단 회심한 사람은 지역 감리회에 소속되어 기도와 성경 공부, 영적 교제와 실질적 도움이 가능한 모임에서 매주 서로 지원을 주고받았다. 「일기」를 참고하면서 웨슬리의 여행 일정을 좇다 보면 그리스도를 섬길 목적으로 다양한 재능을 활용해서 한순간도 허투루 보내지 않고 늘 다음 임무에 힘쓰던 인물을 마주하게 된다.

여행하는 전도자로서 웨슬리의 업적은 정서나 지성, 영성 말고도 신체적으로도 경이로운 수준이었다. 어거스틴 버렐(Augustine Birrell)은 그의 사역을 국회의원 선거와 비교한 바 있다. 국회의원 후보자는 대략 3주 동안 선거운동에 전력투구해야 해서 마지막에는 대부분 후보가 완전히 탈진했다.[2] 웨슬리는 50년 이상 변함없이 야외에서 하루에 서너 번씩 설교했고, 40만 km를 여행하면서 4만 번 이상 설교했다. 나이 들어서 여행할 수 없어지자 런던에서의 사역에 적극적으로 헌신했다. 80대 초반에는 런던의 부유한 지역을 방문해서 눈 녹은 길을 느릿느릿 걸어 다니면서 추운 겨울을 나는 빈민들의 의복 구매를 위해 2백 파운드를 모금했다.

그의 다양한 글쓰기 가운데 「일기」는 단연 인기가 높았다. 이제부터는 「일기」의 집필 동기와 성격, 그리고 목적을 검토한다.

경건의 규칙을 따르라

웨슬리는 확고하게 규칙을 따르는 구조 없이는 충실한 그리스도인의 삶을 기르는 게 불가능하다고 믿었다. 어릴 적 게으름은 온갖 악의 근원이라는 것, 그리고 그것을 벗어나기 위해 신자들은 매 순간 스스로 책임져야 한다는 믿음을 최초로 심어준 인물은 그의 어머니였을 것이다. 기도와 성경 읽기, 묵상, 자녀와 하인의 지도, 성실한 노동과 타인에 대한 봉사를 위해 시간을 할애하고 하루를 조심스럽게 계획하는 태도는 영국 청교도에게서 비롯되었고, 17세기 일부 작가들이 발전시켰다. 웨슬리가 '직접 어떻게 매 순간 보내는지 기록하면서 시간을 보낸 방식'을 기록하고 확인하는 개인 일기를 쓰기 시작하게 만든 것은 제레미 테일러(Jeremy Taylor)가 「거룩한 삶과 거룩한 죽음」(Holy Living and Holy Dying)에서 거론한 "시간을 보내는 태도에 관한 설명" 덕분이었다. 하루를 꼼꼼히 계획하고 적절하게 균형을 잡지 않으면 더할 수 없이 소중한 시간을 허비하거나 잃어버릴 수 있었다.

영적으로 독실하고 부지런한 어머니가 직접 시간표를 짜서 대가족을 이끄는 바람에 웨슬리 가정 자녀들은 일찍부터 규칙에 따라 생활하는 게 무엇인지 알고 있었다. 옥스퍼드에 입학할 무렵에는 일과에 따라 움직이는 날이 확실하게 체계를 갖추었고, 하루도 거르지 않은 일기는 매 순간 하나님께 책임지는 사내로 살아가도록 도움을 주었다. 「일기」는 출판 의도 없이 스스로 부과한 규칙적인 생활 태도를 점검하는 개인적 기록으로 출발했다.

제레미 테일러는 '우리가 매일 잠자리에 들기에 앞서 하루의 행동을 아주 자세하게 돌아보는 게' 거룩한 삶에 도움이 된다고 말했다. 웨슬리는 세심한 주의를 기울여 그렇게 실천했고, 오랜 생애 동안 일찍 일어나서 가능한 모든 시간을 하나님 사역에 할애했다.

「일기」는 축어와 복잡한 암호, 아니면 속기로 작성하다가 1735년 조지아 여행을 계기로 「일기」에서 자연스레 접하는 일부 정보는 물론 직접 방문한 장소와 만났던 사람들에 대한 추가 자료를 보충한 「일기」를 따로 준비하게 되었다. 출판된 「일기」는 모임을 격려하는 한편, 감리교 외부에서 자주 비판하는 독자에게 다가서려는 의도가 있었다. 웨슬리는 「일기」를 연속으로 21부까지 출판하면서 모든 독자, 신자와 비신자의 흥미를 동시에 자극하고 교훈할 만한 일련의 사건까지 굳이 포함했다.

「일기」는 의도처럼 모임을 실질적으로 격려하는 데 줄곧 유용했다. 널리 흩어진 웨슬리의 추종자들은 다른 감리교인을 만나거나 다른 곳의 사역이 어떻게 진행되는지, 전도사역을 위해 어떤 실험을 하는지, 목회의 어려움과 지역의 반대를 어떻게 감당하는지 서로 배울 기회를 얻는 게 쉽지 않았다. 그 때문에 몇 해마다 「일기」가 출판되면 지도자 웨슬리의 경험과 일반 신자의 회심과 영적 성장, 그리고 웨슬리가 만족스럽게 아주 상세하게 소개한 사역과 그 영향을 적극적으로 배우려는 신자들이 전국에서 앞다투어 샀다.

웨슬리 역시 반대자들을 염두에 두고 자료를 선택했다. 감리교회는 적이 상당히 많아서 그는 개인적으로 줄곧 비난에 노출되었다. 어떤 형태로든 명예훼손이나 욕설을 듣지 않는 경우가 거의 없었다.

감리교인을 깎아내리고 지도자를 비난하는 전단이 자주 출판되었다.[3] 모임의 구성원들, 특히 설교자들은 늘 비난받았다. 웨슬리는 그리스도인의 삶에서 어느 정도의 박해는 당연하다고 인정하면서도 영어로 읽는 대중과 섬기는 공동체는 자신이 어떻게 시간을 보내고 어디를 다녀왔고 감리교인들이 어떻게 모이는지 파악하는 게 중요하다고 생각했다. 그런 이유로 「일기」는 설교자의 메시지를 기록하고 개인의 회심 일화를 소개하면서 군중이 복음 설교에 응답했는지, 아니면 적대적이거나 무심했는지 그 반응을 계속 묘사한다.

「일기」로 유명해진 사내에게는 흠이 없지 않았다. 언젠가 웨슬리는 만일 루터가 정제되지 않은 연설이나 어쩌다 벌인 엉뚱한 행동 때문에 친구들에게 자주 비판받았더라면 더욱 훌륭한 인물이 되었을지 모른다는 말을 남겼다. 하지만 웨슬리 역시 우호적인 여러 동료 가운데 누군가 건넸던 따뜻한 비판의 혜택을 누렸다고 보는 편이 정당하다. 가릴 수 없는 모든 결점에도 그는 당시 그리스도인 대부분을 압도했고 역사상 누구보다 탁월한 그리스도인 가운데 한 사람이었다는 것은 분명했다. 탁월한 재능은 단점을 가리고도 남았다. 이제 우리는 「일기」에 등장하는 위대한 주제 가운데 일부를 살펴보려고 한다. 덕분에 웨슬리의 매력적인 성품의 영향력을 이해할 뿐 아니라 그리스도인의 삶에 필요한 도움과 영감을 끌어낼 수 있다.

모든 삶이 사랑이 되게 하라

웨슬리 형제의 메시지를 한마디로 요약하면 '사랑'일 것이다. 사랑은 찰스 웨슬리의 찬송가에서 반복되는 주제이고 존 웨슬리의 설교와 교육을 대표하는 특징이다. 「일기」를 펼치면 둘의 사역에서 특히 두드러지는 사랑이라는 주제의 네 가지 측면, 즉 하나님에 대한 사랑, 잃어버린 자에 대한 사랑, 신자에 대한 사랑과 사랑받지 못한 자에 대한 사랑을 확인할 수 있다.

하나님에 대한 사랑 : 거룩함의 추구

초기 감리교인은 일단 그리스도를 인격적으로 믿으면 반드시 거룩함을 추구해야 했다. 웨슬리는 그리스도인이 경험한 이상적 상태를 '두 번째 축복'[4], '완전한 구원', 그리고 '그리스도인의 완전'이라는 표현으로 다양하게 설명하면서도 '완전한 사랑'을 선호했다. 그 표현은 웨슬리가 좋아한 요한일서에서 가져온 것이었다. 사람들이 하나님께 하루도 거르지 않고 전적으로 헌신하면서 살아가도록 웨슬리가 격려하는 내용이 「일기」 전반에 걸쳐 아주 다양하게 등장한다. 어떤 곳에서는 한층 깊은 이 은총을 경험하는 게 무엇을 의미하는지 소개하는 편지가 포함되어 있다.

나는 여러분에게 그것은 사랑이라고 말했습니다. 하나님과 이웃에 대한 사랑, 마음에 찍힌 하나님의 형상, 인간 영혼 내부에 있는 하나님의 생명, 그리스도가 걸으신 것처럼 우리를 걸어가도록 만드는, 그리스도 안에 거하고 있다는 마음 말입니다.

웨슬리는 노예 무역상 출신의 성공회 사제였던 존 뉴턴(John Newton)이 교리를 비판하자 편지를 보내 거룩함의 메시지를 어떻게 만들고 주장하게 되었는지 소개했다. 옥스퍼드대학 시절 제레미 테일러의 「거룩한 삶과 거룩한 죽음」에서 '의도의 순수성'을 집중적으로 거론한 내용에 감명받은 웨슬리는 "하나님께 헌신하려는 확고한 의도를 갖게 되었다"라고 말한다. 나중에 토마스 아 켐피스의 「그리스도를 본받아」를 읽고서는 하나님께 전념하기로 한층 더 마음을 굳혔다. "그게 바로 내가 지금 생각하고 있는 '완전'입니다." 한두 해 뒤에는 윌리엄 로우의 「그리스도인의 완전」과 「경건하고 거룩한 삶을 위한 엄숙한 부르심」 덕분에 "몸과 혼과 영을 다해 하나님께 헌신하기로 더욱 확고하게" 결심했다. 웨슬리는 뉴턴에게 자신이 바라는 모든 게 게르하르트의 찬송가에 완벽하게 표현되어 있다고 말했다. 그는 그 곡을 번역해 첫 찬송가 모음집에 실었다.

오, 나의 영혼에 그 무엇도 허락하지 마소서
오직 당신의 순결한 사랑만 거하게 하소서.
오, 당신의 사랑이 나를 온전히,

나의 기쁨, 나의 보화, 나의 면류관을 소유하소서.

낮선 격정을 가슴에서 제하시고,

나의 행동, 말, 생각이 모두 사랑이 되게 하소서.

웨슬리는 이렇게 덧붙였다. "나는 주 예수가 자기 피로 이것을 주셨다고 여전히 확신합니다."

복음주의자 가운데 뉴턴만 '완전'이라는 용어를 불편하게 여긴 게 아니었다. 하지만 이름이 어떻든 거룩함에 관한 웨슬리의 교훈은 그리스도인의 이상적 삶을 구성하는 두 가지 확실한 측면, 즉 하나님에 대한 자기 포기와 그리스도를 닮아가는 것에 초점을 맞춘 것으로 보인다. 그런 생활방식은 신자가 그리스도 안에서 약속된 자원의 권리를 주장할 때 언제든 도달할 수 있고, 그 자원은 날마다 의지하고 전적인 헌신을 통해 새로워져야 한다는 게 그의 변함없는 주장이었다.

그런데 웨슬리는 이 은총의 경험을 '단순한 믿음을 통해 지금' 받을 수 있다고 주장하면서도 거룩함을 단절된 위기나 영적 성취의 절정으로 간주하지는 않았다. 꾸준히 지속할 필요가 있다고 늘 강조했다.

…그러니 어느 정도 완전한 사랑에 도달했을 때… 거기서 멈출 생각을 해서는 안 됩니다. 불가능합니다. 가만히 서 있을 수 없

습니다. 올라가거나 떨어질 겁니다. 더 높이 올라가거나 아니면
더 낮게 떨어질 것입니다.[5]

거룩함에 관한 웨슬리의 주장은 언제나 정교하지는 않았지만 목
표는 아주 분명했다. 추종자들이 그리스도와 함께하기를 진심으로
기대했고, 그런 이유로 해서 그리스도인의 이상적 헌신을 거론하는
웨슬리의 설교는 표현 자체가 실천적이었다. '완전한 사랑'은 인간
의 노력만으로는 도달할 수 없다. 하지만 그렇다고 해서 그것이 모
자라는 순간 유지할 수 없다. 웨슬리는 노력하지 않는 기독교를 신
뢰하지 않았다. 기독교적 경험은 어느 시점에 신자를 갈등 상황으로
몰아갈 수밖에 없다고 생각했다.

웨슬리는 이야기 방식으로 탁월하게 설교를 풀어냈지만 희생 없
는 거룩함이 있을 수 없다는 것을 소개할 목적으로 「일기」를 활용했
다. 신자의 길에는 예외 없이 음습한 위험, 그러니까 자신을 아끼면
서 보호하려는 위험이 도사린다. 웨슬리의 거룩함에 관한 교훈에 포
함된 실천적 의미는 이 쌍둥이 위험에 도전한다. 신자들에게는 영적
훈련과 도덕적 용기, 둘 다 필요하다. 훈련은 거룩함의 일부이고 용
기는 거룩함의 증거이다.

첫 번째 갈등은 내부에 존재한다. 우리는 자신을 아끼려는 유혹
에 자주 직면한다. '완전한 사랑'은 신자가 어떤 상황에서든지 하나
님께 모두 과감히 내려놓고 개인적 위로보다 그리스도를 사랑하는

것을 뜻한다. 그것은 십자가를 지는 것(막 8:34-38), 그러니까 자신을 위해 목숨을 '구원하고자 하는 것' 보다 '자기 목숨을 잃는 것' 에 관한 예수님의 가르침과 다르지 않다. 개인의 취향은 언제나 하나님의 뜻과 그리스도의 영광에 비할 수 없다. 웨슬리에게는 이것이 어떤 신비적 경험이 아니었다. 그것은 일상을 구성하고 설계하는 것이었다. 하나님에 대한 사랑은 정서적인 감사 이상을 의미했다. 하나님을 사랑한다면 그분과 보내는 시간을 일차적으로 고려해야 한다. 웨슬리에게 있어서 그것이 갖는 의미는 경배하는 하나님을 여유 있게 만나려고 일찍 일어나는 것이었다.

「일기」의 목적은 자기 주도적이면서 정력적인 인물과 함께한다는 것을 감리교인에게 이해시키려는 게 아니었다. 개인적 경건과 희생적 삶의 모습은 존경이 아니라 본받게 하려는 의도가 있었다. 명예와 무관한 내용을 격려하는 일상의 일화를 이야기 형식으로 제시한 것도 그 때문이었다. 모임 참여자들은 존경하는 지도자를 비롯한 그리스도인이라면 누구든지 지속해서 훈련에 힘써야 한다고 교육받았다. 거룩한 삶은 그리스도를 의지할 때 가능하고 선한 행위로는 도달할 수 없다. 마찬가지로 희생이 빠진 거룩함 역시 존재하지 않는다.

모임의 구성원은 웨슬리가 설교할 때는 아무리 이른 아침이라도 누구보다 먼저 하나님과 대화했다는 것을 모두 알고 있었다. 하루하루를 질서 있고 체계적이고 일관되게, 매 순간을 그리스도를 섬기는 데 사용했다. 시간을 허투루 쓰는 법이 없었다. 말을 탈 때는 글 읽는 시간을 가지려고 고삐를 늦추었다. 질병이나 사고로 설교할 수 없으면 글 쓰는 기회로 삼았다. 언젠가 런던 브리지를 건너다 빙판에서 넘어진 적이 있었다. 그는 '사람들이 실망하게 하지 않으려는 결심 때문에' 다리를 절뚝이며 인근에 있는 교회로 가서 설교했다. 설교를 마치고 나서는 남아 있는 일정을 위해 의사에게 붕대로 처치를 받았다. 이후로 돌아다닐 수 없게 되자 한 주의 나머지를 기도와 독서, 대화에 사용했고, 또 일부는 히브리어 문법을 편집하거나 어린이용 도서를 집필하는 데 할애했다. 주일에도 못 일어나자 런던 지역 모임에서 무릎을 꿇은 채 설교했고, 주말 이후에도 두 차례 더 그렇게 모임을 진행했다.

웨슬리는 보기 드문 체력을 소유했다. 언젠가 서부 지역에 갔다가 극심한 위장 장애로 계속 두통에 시달리고 발과 다리에 경련이 일어났지만 기다리는 사람들이 실망하게 하지 않으려고 말을 몰고 가서 "아무것도 두려워하지 말라"고 설교했다. 아파도 일정을 미루지 않을 때가 많았다. 1753년 10월 어느 토요일에는 몸이 "정상이 아니었으나 괜찮아질 것이라고 믿었다." 주일까지 "상태가 크게 악화하였지만 그날 나 자신을 돌볼 겨를이 없었다." 다음 날에는 이렇게 말한다. "병이 극심했으나 가능하면 약속을 지키기로 결심하고 4시 직후에 캔터베리로 출발했다."

웨슬리는 불굴의 끈기와 회복력을 타고났다. 신체 능력이 상당했던 그는 강력한 결단과 넘치는 에너지로 주어진 사역을 모두 감당했다. 「일기」 앞부분부터 지독한 날씨에 험준한 지역을 통과해야 했던 여행이 자주 등장한다. 어느 겨울 주일에는 "너무 힘이 달려서 의식이 분명하지 않았으나" 다음 날 새벽 "3시 직후에 활기차게 일어나니" 모든 "통증이 거짓말처럼 사라진" 느낌이 들었다. 남은 힘까지 남김없이 짜내야 할 일이 기다리고 있었다. 그날은 눈바람이 정면에서 불어와서 얼굴을 돌릴 수 없었고, 이어서 웨슬리와 동료들이 거의 앞을 분간하지 못하고 숨을 쉬지 못할 정도로 날카롭게 살을 파고드는 커다란 우박이 쏟아졌다. 하지만 단념하지 않았고, 그날 초저녁에 '진지한 교인들'을 대상으로 설교했다.

비슷한 기록은 자주 등장한다. 이따금 폭우 때문에 길이 "완전히 질척거리고 미끄럽다" 보니 "말이 제대로 서지 못할 때"도 있었다. 그는 아주 궂은 날씨에도 자주 설교했다. "교인들은 나만큼 관심이 없었다. 나는 강한 비를 정면으로 맞는 바람에 설교 시작 전부터 온몸이 젖어 있었다." "우리를 둘로 갈라놓을 작정인" 매서운 바람마저 가로막을 수 없었고, 폭풍우 속에서 바다를 건너는 것도 문제가 되지 않았다. 아일랜드해가 "냄비처럼 끓어오르자" 하나님은 "깊은 바다의 표면을 잠잠하게 하시고" 또 "작은 순풍을 보내주셨다." 언젠가 물이 범람한 런던의 한 곳에서 옴짝달싹 못 하자 지나던 마부가 안전한 곳으로 데려다주어 목숨을 구하기도 했다.

웨슬리의 유명한 「신약성경 주석」(Notes on the New Testament)은

"너무 아파서 설교는 못 해도 읽고 쓰는 게 가능할 정도가 아니었으면" 결코 집필할 수 없었을 것이다. 4개월 동안 강단에 서지는 못했어도 그 기간에 이루어진 집필의 결과물은 설교자들에게 아주 값진 것으로 판명되었다. 언제나 그는 남을 먼저 생각했다.

매일 일찍 일어나는 웨슬리는 일하러 가기 전에 예배에 참석하지 않는 일부 사람들을 이해할 수 없었다. 언젠가는 '연약하고 여린 사람들을 위해' 오전 9시까지 설교를 늦추기도 했다. '단호한' 과 '결연한'이라는 표현은 「일기」의 성격을 보여주는 낱말 가운데 일부이다. 그 낱말들은 저자가 영성의 훈련에 얼마나 열중했는지 보여준다. 그는 내키는 대로 사는 법이 없었다.이런 그리스도인의 두 번째 위험은 특히 적대적인 환경에서 자신을 보호하는 것과 관계가 있었다. 용기는 거룩함을 나타내는 증거가 된다. 삶을 하나님께 헌신하면 '온전한 사랑'(perfect love)이 두려움을 내쫓는다. 웨슬리는 감리교회가 '곳곳에서 반대에 직면'할 것을 알고 있었고 하나님께 삶을 헌신하고 그리스도를 닮는 삶에 몰입하는 그리스도인들은 박해에 놀라거나 그것을 두려워해서는 안 된다고 권면했다. 능력은 언제나 극심한 역경의 순간에 주어질 것이다.

전국을 여행하는 웨슬리의 일차 목적은 곳곳의 모임을 격려하는 것이었다. 힘겨운 시기에 참석자들은 격려와 조언이 절실했다. 신앙을 고수하는 것은 언제나 간단하지 않았다. 18세기에는 적대적인 군중을 쉽게 동원할 수 있었는데, 감리교인들은 폭도의 분노가 심각하게 통제 불능 상태에 다다를 정도로 주변에 반대 세력이 많았다. 온갖 유형의 사람이 적대감을 쏟아냈다.

예를 들면 웨슬리와 동료들은 치안 담당자들의 반대에 자주 직면했다. 비국교도들은 의회가 제정한 가혹한 조항 때문에 1662년 이후 상당한 고통을 겪었으나 1689년의 관용령은 양심을 따라서 예배할 수 있는 자유를 허락했다. 그런데 감리교인은 비국교도가 아니었고, 대부분이 영국교회의 충성스러운 구성원이라고 주장하면서 단지 격려할 목적으로 모임을 했기 때문에 기대처럼 예배와 교제의 자유를 언제나 누리지 못했다. 필요한 건물을 확보하려고 허가증을 신청하면 거부되었고 범법자 취급을 받았다. 그래서 감리교인들이 예배하거나 웨슬리와 동료들이 야외에서 설교할 때 폭도들이 공격해도 도움을 제공하려는 치안판사가 거의 없었다.

지방의 중산층 역시 감리교를 반대했다. 웨슬리가 인근에 있는 것을 알기만 하면 그들 가운데 상당수는 적당한 때와 장소에 잔악한 폭도를 확보할 가능성이 아주 컸다. 웨슬리는 영국 국교회 동료 목회자 가운데 친구가 적지 않았다. 하지만 인정하지 않는 성직자들 역시 담당 지역에서 웨슬리의 설교를 반대하도록 부추길 책임이 있었다. 교구 성직자는 치안판사를 겸해서 지방의 감리교인에게는 위협적이었다. 감리교 지도자 가운데 누군가 그곳을 방문하면 특히 그랬다. 웬즈베리(Wednesbury)의 주임신부는 교인들이 지역 감리교 모임에 참석하자 흥분했다. 법을 어긴 사람들에게 "자신들은 절대 함께 읽고 노래하거나 기도하지 않고, 또 감리교 설교자들의 설교를 더 이상 듣지 않을 것"이라는 내용에 서명하도록 요구했다.[6] 따르지 않으면 사유지를 공격하고 심하면 주택을 철거해버렸다. 지역이나 고용주, 또는 이웃과 가족까지 웨슬리의 추종자들을 곤란하게 만들 수 있었다.

가끔 난폭한 군중이 웨슬리 추종자의 소유를 에워싼 채 건물과 가재도구를 모조리 파괴하기도 했다. 찰스 웨슬리는 말을 타고 달라스턴(Darlaston)을 지나다가 '우리 사람들이 사는 집'을 간단히 찾아낼 수 있다고 했다. 잇따른 공격을 피해서 '주택의 창문을 모두 가리고' 있었기 때문이다.[7]

1744년 겨울에는 스태퍼드셔(Staffordshire)의 감리교인들이 엄청난 위험에 처했다. 어느 동료가 웨슬리에게 달라스턴의 친구들이 고초를 겪고 있다고 알려왔다. 그곳에 사는 감리교인 부부가 사나운 폭도의 공격을 받았는데 특히 여성을 함부로 대했다. "그러는 동안 그들은 물론 어린 자녀들이 이리저리 떠돌았지만 목숨이 위험해질까 봐 누구도 감히 나서서 다독이거나 거두려고 하지 않았다."

지방에 거주하는 사람들이 전국적으로 유명한 감리교 지도자를 환영하는 일은 정말 어려울 수 있었다. 과격한 반대자들의 노골적인 관심을 촉발할 수 있었다. 찰스 웨슬리가 스태퍼드셔 지역에서 순회 설교를 하느라 웬즈베리를 떠나자마자 폭도는 점점 더 공격적으로 바뀌었다.

감리교인이라고 부르는 사람들의 집을 모두 돌아가면서 공격했다. 그들은 모든 창문… 모든 탁자, 의자, 서랍장과 쉽게 떼어낼 수 없는 것과 살림살이와 가구를 송두리째 산산 조각내버렸다. 깃털 침대처럼 잘 부서지지 않는 것은 조각조각 잘라서 방에 뿌렸다. …그러는 동안 누구도 그들에게 맞서지 않았다. 사실, 남녀 대부분이 목숨을 구하려고 도망쳤다. 어디로 가야 할지 모르는 아이들만 남겨졌다.

군중은 악의적 파괴는 물론 아주 잔인한 물리적 행동 때문에 가책을 느낄 정도였다. 웬즈베리의 폭도는 임신부를 침대에 팽개치고는 침대보를 갈가리 찢어버렸다.

그런데 이 감리교인들 대부분이 지도자만큼 회복력이 있었다. 더 큰 문제가 벌어질 수도 있다는 위협을 받자 그들은 이렇게 대답했다. "우리는 이미 재산을 모두 잃었고, 목숨을 잃는 것 외에는 잃을 게 없습니다. 양심을 따르지 않으니 죽어도 좋습니다."

이런 경험 덕분에 지역 모임은 지도자의 공감과 기도와 실질적인 도움을 신뢰할 수 있었다. 존 웨슬리는 스태퍼드셔에서 최초로 박해가 있었다는 소식을 듣자 고초를 겪는 동료들과 함께하려고 누구보다 먼저 북쪽으로 말을 몰았다. 「일기」에 기록된 일상적 사건들 때문에 웨슬리가 어려움에 부닥친 사람의 필요에 얼마나 예민하게 반응했는지 알 수 있었다.

박해받는 교인들은 웨슬리가 보여준 공감이 본인이 자주 겪은 역경에서 비롯되었다는 것을 확인하고는 상당한 위로를 받았다. 그는 공격적인 개인이나 폭도와 마주하는 게 무엇인지 몸으로 알고 있었다. 위험한 상황에서 하나님이 어떻게 보호하셨는지 돌아보려고 「일기」를 거듭 활용했다. 1743년 스태퍼드셔 폭동 당시 폭력적인 군중이 그를 살해하려고 했으나 위기가 지나고 나자 그저 "하나님이 뜻하신 대로 우리를 얼마나 부드럽게 준비시키는지" 떠올리기를 바랄 뿐이었다.

두 해 전 벽돌 한 개가 어깨를 스쳐 지나갔다. 한 해 전에는 돌 하나가 미간에 날아들었다. 지난달에는 한 대 맞았고 오늘 밤은 두 대를 맞았지만… 모두 아무것도 아니었다. 어느 사내가 있는 힘껏 가슴을 때렸고 다른 사내는 세게 입을 때리는 바람에 곧장 피가 솟구쳤으나 깃털로 건드린 것처럼 전혀 아픔을 느끼지 않았다.

「일기」에 자주 등장하는 이런 경험 때문에 독자들은 그리스도인이 된다는 게 간단한 일이 아니라고 생각할 수 있었다. 더구나 그와 같은 경험은 고난 없이는 거룩함이 있을 수 없다고 강조했다. 거절 당한 경험 가운데 일부는 신자의 성화 과정에서 예외 없이 중요한 구실을 한다. 하나님께 헌신하고 그리스도를 따르기로 한 그리스도인은 기필코 십자가의 길을 걷는다. 그러다 보면 조만간 어떤 식으로든지 반대에 직면할 가능성이 있다.

일부 지역에 속한 상당수 동료 그리스도인이 기대할 수 없는 특전이기는 하지만 서구 사회에서는 기독교를 믿고 전한다고 해서 물리적 위험을 수반하는 경우가 없다. 그런데 우리는 또 다른 형식의 역경을 충분히 경험할 수 있다. 가정의 갈등, 나쁜 평판, 사회적 고립, 언어 학대, 외면, 조롱이 그런 것들이다. 웨슬리의 용기 있는 사례는 감리교인들에게 그런 형식의 문제들로부터 자신을 보호하려는 유혹을 벗어나게 했다. 영웅주의와 거룩함은 밀접한 관계가 있다.

오늘날 웨슬리의 「일기」를 읽는 독자들은 무관심, 냉담, 안락함이나 이기적 삶에 대해서 강력한 조언을 얻을 수 있다. 우리는 자신만 챙기는 것 때문에 정말 죄책감을 느낄까? 반대나 사회적 오명을 벗어날 생각으로 최소한으로 그리스도를 전하고 있는 것은 아닐까?

웨슬리의 어려움은 대부분 전도에 대한 강렬한 관심에서 비롯되었다. 그 때문에 이제 우리는 「일기」에 아주 생생하게 묘사된 그의 핵심 사역을 살펴보려고 한다.

잃어버린 자에 대한 사랑 : 전도의 열정

웨슬리와 동료들이 고난을 감당한 것은 하나님에 대한 헌신의 표현일 뿐 아니라 불신자에 대한 사랑 덕분이었다. 웨슬리의 경우에는 이 연민이 처음에는 뜨거운 전도 설교로 나타났다. 올더스게잇 거리에서 겪은 경험은 모라비아인의 집회 장소로부터 그를 기다리고, 또 종종 적대적이기도 했던 세상을 향해 밀어냈다. 웨슬리를 이끌어간 사랑은 그리스도에 대한 사랑과 메시지에 대한 사랑 거기에다가 사람에 대한 사랑이었다. 옥스퍼드대학이나 특정 교구라는 좁은 공간에 갇혀 있을 수 없었다. '그대로 있기'를 거부하자 비난이 줄곧 이어졌다.

웨슬리는 브리스틀을 방문했다가 불신자에게 다가서려면 교회 안은 물론 밖에서까지 설교해야 한다는 것을 깨달았다. 실제로 그는 엡워스에 있는 아버지의 교회를 비롯한 여러 교회로부터 거부당해서 "야외에서 설교하지 않을 수 없었다"라고 주장했다. 처음에는 "선택이 아니라 필연이었다."[8] 조지 휘트필드가 브리스틀에서 멀지 않은 킹스우드(Kingswood) 광부들에게 한 설교가 선례가 되었다. 휘트필드 역시 지역교회에서 설교를 금지당했다가 야외 전도 설교가 상당한 규모의 열렬한 청중을 불러 모은다는 것을 실감했다. 휘트필드가 브리스틀에 합류하도록 초대하자 웨슬리는 이 놀라운 기회를 직접 확인하려고 런던을 떠나 그가 설교하는 곳들을 함께 방문했다. 1739년 4월 2일은 전도부흥회 역사상 뜻깊은 날이었다. 그날 오후, 웨슬리는 "더 비천하게 되기로 결심하고는 도로에서 구원의 기쁜 소식을… 대략 3천 명에게 선포했다." 웨슬리에 따르면 그것을 감당하려면 개인적으로 어느 정도 혁명이 필요했다. "모든 면에서 예의나 질서와 관련된 것에 과도하게 집착하다" 보니 그는 "교회 밖에서 영혼을 구원하는 일을 거의 죄악처럼 간주할 정도"였기 때문이다.

그것은 영국의 전도 일화 가운데 기념비적인 순간이었다. 브리스틀에서 시작된 사건은 잉글랜드 전역, 웨일스, 스코틀랜드, 그리고 아일랜드로 계속 여행하도록 만들었다. 하지만 순회설교자들은 인기가 없었고 비판자들은 떠돌아다니는 사역을 요란하게 반대했다. 웨슬리는 그들에게 대답하는 방법을 알고 있었다. 하나님께 복종하면서 말을 탄 채 전국을 다녔다. 전도에 대한 소명은 성경의 명령이었으니 허투루 흘려보낼 수 없었다. 과거 웨슬리의 제자이면서 "홀리 클럽"의 동료였던 제임스 허비는 웨슬리에게 옥스퍼드대학의 교수직으로 돌아오든지, 아니면 어느 한곳에 정착하도록 요구하는 내용의 편지를 보냈다. 만일 그가 변덕스럽거나 불안해서 그렇게 할 수 없다고 생각했다면 교구의 경계를 존중하면서 '정식 초대'를 참을성 있게 기다리는 게 마땅하지 않았을까?

헌신적인 전도자는 「일기」에 답변을 기록했다. 무엇이 친구의 마음을 움직였는지 허비는 알지 못했다. 웨슬리는 이미 '정식 초대'를 받았다. 그것은 모두에게 있는 힘껏 복음을 전하는 것이었다. 사도적 확신을 가진 웨슬리는 허비에게 기회에는 한계가 있을 수 없다고 말했다. 그는 고린도전서 9장 16~17절에 기록된 초대교회의 가장 위대한 순회전도자의 발언을 인용하면서 핵심을 지적했다. 웨슬리는 사도 바울처럼 "내가 부득불 할 일임이라. 만일 복음을 전하지 아니하면 내게 화가 있을 것"이라고 믿었다. 선교사역과 웨슬리는 떼려야 뗄 수 없는 관계라서 북아메리카의 조지아에서 문이 닫히면 또 다른 문이 잉글랜드에서 열렸다. 열정에 사로잡힌 사내는 침묵할 수 없었다. 어려서부터 웨슬리는 전도 개척자의 사역에 익숙했다. 덴마크 선교사들의 일화에 깊은 감명을 받은 어머니는 자녀들에게 성경의 진리를 자세히 가르치기로 하고 1711년부터 1712년까지 매주 특정 요일을 정해놓고 한 명 한 명에게 시간을 할애했다. 목요일 저녁은 '재키'(존 웨슬리)를 위한 시간이었다. 그는 어머니가 하려는 일의 의도나 어째서 그것을 시작하게 되었는지 잊은 적이 없었다. 추수하는 주인에게는 한계가 없었다.

> 나는 세상 모두를 나의 교구라고 생각한다. …구원의 기쁜 소식을 듣고자 하는 이들 모두에게 선포하는 것은 옳고, 나의 당연한 의무이다.

웨슬리의 순회전도가 광범위한 비판을 초래하다 보니 허비는 염려하지 않을 수 없었다. 하지만 당사자는 일절 개의치 않았다. 걸림돌이 아니라 진심이라는 것을 증명해주었다. 그리스도의 종이 되려면 어느 정도의 비난은 당연했다. 허비는 홀리 클럽 시절을 잊었던 것일까?

사람들에게 온갖 막말을 들으면서 어떻게 선한 일을 할 수 있을까… 라고 여러분이 묻는다면? 나는 (여러분이 한때 이것을 잘 알고 있었고, 또 그 위대한 진리 안에 확고하게 자리 잡게 해주었더라도) 주님을 위해 사람들이 나에 대해 악한 말을 더 많이 하면 할수록, 그분은 나를 통해 더 많은 일을 하신다는 것을 지적해 두고자 한다. … '세상의 더러운 것과 찌꺼기'가 되지 않으면서 어찌 '너 자신과 네게 듣는 자를 구원'할 생각을 할 수 있을까?

허비와 다른 비판자들은 '야외 설교'에 대한 웨슬리의 논리와 맞서는 게 쉽지 않았다. 「일기」 내용은 웨슬리가 어째서 이처럼 활기차면서도 희생적인 사역에 참여할 기회를 놓치지 않았는지 보여준다.

첫째, 성경의 명령 때문이었다. 사도적 사명은 끝나지 않았다. 둘째, 그리스도가 모범을 보이셨기 때문이다. 산상수훈은 '야외 설교의 매우 주목할 만한 선례'였다. 예수님이 그토록 강력하게 행하신 일은 적어도 그를 사랑하는 사람이라면 시도해 볼 수 있는 일이었다. 셋째, 사람들에게 필요한 일이었다. 웨슬리의 설교를 들은 많은 사람 가운데 상당수는 이미 교회를 떠난 상태였다. 넷째, 다른 사람들도 시도하고 있었다. 일부가 상상하듯이 고독한 운동이 아니었다. 4월 어느 날 아침 스코틀랜드의 위그턴(Wigton)에서처럼 수많은 군중이 모이는 집회는 볼품없이 시작되고는 했다.

처음에는 여자 한 명, 남자 두 명, 그리고 서너 명의 어린 소녀가 전부였지만 30분 만에 마을 사람 대부분이 모였다.

다섯째, 마귀는 야외 설교를 싫어한다. 이렇게 열정적인 설교로 그리스도를 높이면 원수의 요새는 공격받는다. 영혼들은 어둠에서 빛으로 돌아온다. "사탄이 야외 설교를 끝장낸다면 얼마나 큰 승리가 그에게 돌아갈 것인가! 그러나 나는 불가능하다고 생각한다. 적어도 내가 머리를 들지 못할 때까지는 말이다."

여섯째, 하나님이 그것을 사용하신다. 웨슬리의 직접적이고 설득력 있는 메시지를 들으면서 사람들은 거듭해서 인격적인 신앙을 갖게 되었다. 사회적 배경이 다양한 사람들이 극적으로 변화되었다.

웨슬리는 사역 내내 야외 설교를 계속했지만 결코 쉬운 일은 아니었을 것이다. 30년 이상 야외에서 설교하면서 그는 "오늘날까지 야외 설교는 나의 십자가"라고 고백했다. "그러나 나는 내 사명을 알고 있고, '모든 피조물에게 복음을 선포하는 것' 외에는 달리 방법이 없다고 생각한다."

수천 명의 사람이 이 설득력 있고 자비로운 설교자의 신세를 졌다. 사람들이 늘 반응하지는 않았지만 결과가 어떻든 간에 웨슬리는 쉽게 좌절하지 않았다. 웨슬리는 외향적이면서 침착하고 성격이 밝

앉고, 때에 따라서는 자신이 하고 싶지 않은 일을 시도하기도 했다. 그는 매일 아침 4시에 일어나 기도했고 기분이 좋든 싫든 기도했다. 언제나 그를 위해 말이 대기했고 기다리는 여정은 짧지 않았다. 하지만 그는 기운을 내어 먼 길을 떠났다. 설교가 항상 쉬운 것은 아니었고 모임에 대한 소식 때문에 불안한 생각이 들 때가 잦았어도 그는 계속 나아갔다. 그는 지혜롭게도 삶에는 감정보다 더 많은 게 있다는 것을 깨달았다. 자신이 그들에게 설교하고 싶은지 아닌지를 결정하는 사이에도 그리스도를 모르는 영혼들은 잃어버린 영원한 세계에 빠질 수 있었다.

다른 사람들을 위해 부단히 헌신했던 웨슬리는 몸을 놀리는 일이 거의 없었다. 여행이 잦고 독서량도 많았던 웨슬리는 오랫동안 편안한 대화를 나누기에는 이상적 상대였지만 그런 사치를 거의 즐기지 않았다. 새무얼 존슨(Samuel Johnson)은 또 다른 일을 찾아 몰두하는 그의 태도에 짜증을 냈다.

> 존 웨슬리와의 대화는 좋지만 그는 절대 한가하지 않다. 그는 시간이 되면 자리를 뜨지 않을 수 없었다. 이것은 나처럼 자리를 잡고 앉아 대화하기를 즐기는 사람에게는 매우 불쾌한 일이다.[9]

웨슬리는 앉아 있는 것보다 걷는 것을 좋아했다. 그런데 그의 활기찬 전도를 영국교회 역사의 흘러간 한 장면으로 치부하는 것은 잘못이다. 그리스도를 모르는 이들에게 복음을 전하고자 했던 그의 열정은 20세기 후반의 그리스도인들에게 개인 전도의 중요성을 시사한다. 그는 개인적으로 큰 희생을 치르면서도 야외 설교의 기회를 놓치지 않았고, 그것이 18세기 영국에서 최대한 많은 사람에게 복음을 전하는 제일 나은 방법이라는 것을 깨달았다. 웨슬리의 「일기」 같은 위대한 영적 고전을 읽으면서 우리는 어떤 방식으로 동시대 사람들에게 가장 잘 다가갈 수 있을지 자문해 볼 필요가 있다.

우리 역시 성경으로부터 그렇게 하도록 명령받았다. 그리스도는 우리의 위대한 모범이다. 예수님은 군중을 상대한 것만큼이나 개인과의 대화에 관심이 많았다. 웨슬리 시대와 마찬가지로 저마다 사회적 배경을 가진 사람들이 그리스도의 부단한 사랑, 대신할 수 없는 희생, 약속된 용서의 메시지를 절실히 필요로 한다. 웨슬리가 증명했듯이, 우리가 복음을 전하려고 하면 홀로 행동할 필요가 없다. 다른 사람들이 그들의 모범, 기도, 경험, 기술이나 지원을 통해 동역자가 될 수 있다. 우리도 웨슬리와 함께 마귀가 복음 알리는 일을 좋아하지 않는다는 것을 깨닫게 될 것이다. 침묵하는 그리스도인은 마귀에게 위협이 되지 않지만 그리스도를 거론할 준비가 된 그리스도인은 하나님 손에 쥐어진 강력한 도구이다. 웨슬리의 경험에 따르면 아무리 반대가 격렬해도 그리스도를 사랑스럽게 선포하면 사람들은 승리했다. 그리스도의 사랑이 메시지의 핵심이었고 그리스도에 대한 사랑이 능력의 비결이었다.

성도에 대한 사랑 : 교제의 중요성

웨슬리 사역의 천재성 중 하나는 회심자들을 곧장 잘 조직된 지역 단위 모임에 소개해서 가르치고 교제하도록 한 것이다. 웨슬리의 광범위한 영향력이 미치는 곳이라면 어디든 웨슬리의 모임이 있었다. 모임이 처음 출범할 때 웨슬리는 그리스도인들이 성공회의 교구 교회나 다른 회중을 멀리하게 하려는 의도는 전혀 없었다. 모임은 교회 사역을 보완하는 것이지 대체하는 게 아니었다. 모임의 결성은 새로운 개종자들이 거룩한 삶을 살아가기를 바라는 자연스러운 열망에서 비롯되었다. 좋은 씨앗을 아무리 잘 파종해도 도움이 되지 않는 교회라는 척박한 토양에서는 제대로 자랄 수 없다. 그는 배스(Bath)에서 동역하는 메리 비숍(Mary Bishop)에게 '위대한 일'은 영혼을 인격적 신앙으로 인도하는 것뿐만 아니라 그들의 신앙을 세우는 일이라고 말했다.

> 아이들이 태어나자마자 더는 돌볼 필요가 없다고 생각하는 사람들은… 얼마나 큰 착각을 하고 있는지 모릅니다! 우리는 그렇게 생각하지 않습니다. 그때부터 본격적인 돌봄이 시작되는 겁니다.

그의 첫 번째 모임은 런던에서 결성되어 무어필즈(Moorefields) 부근의 파운더리(Foundery)라는 곳에서 모였다. 그 이전에도 웨슬리와 런던의 친구들은 페터 레인(Fetter Lane)의 모라비아교회에서 모였지만 그 무렵 모라비아 교인들의 가르침이 도움이 되지 않자 웨슬리와 다른 사람들은 그곳을 떠나 따로 모임을 시작하게 되었다. 파운더리는 과거에 대포를 주조하는 데 사용하다가 버려진 건물이라서 합리적 가격으로 사들였지만 런던 감리교인들은 그들의 목적에 맞게 만들기 위해 상당한 금액을 지출했다. 런던 거점으로 웨슬리의 숙소가 제공되었고, 파운더리는 얼마 지나지 않아 영국에서의 사역을 위한 본부로 간주되었다.

모임의 운영과 사역은 창립자가 만든 일련의 규칙에 따라 관리되었다. 가입의 유일한 조건은 개인 구원에 대한 열망이었다. 회원들은 공적 예배에 참석하고 개인적으로나 가정에서나 자주 기도하고 금식하고 성경을 읽고 일관성 없는 행동을 피하고 언제든지 선한 일에 힘쓰겠다는 약속을 통해 이러한 열망을 실천적으로 표현해야 했다. 웨슬리는 전국을 순회하면서 감리교인들에게 사회 구성원의 의무와 책임을 자주 상기시켰고 때로는 직접 방문해서 규칙과 그 가치와 목적을 설명하기도 했다.

모임은 더 작은 모임(속회, class)으로 구분했다. 이것은 어린 시절 엡워스에서의 생활에 대한 기억에서 비롯된 것으로 보인다. 남편이 성공회 총회에 참석하느라 자리를 비우면 수재너 웨슬리는 처음에 자녀와 하인을 대상으로 사제관 부엌에서 주일 저녁 모임을 시작했는데, 소문이 나서 다른 사람들까지 참석할 수 있는지 물어왔고, 넓은 방이 꽉 찰 때까지 참석자가 계속 늘어났다. 당시 존은 감수성이 예민한 아홉 살이었다. 교육과 기도, 격려를 받은 이 행사에 대한 선명한 기억은 평생 떠나지 않았다. 그의 어머니가 세상을 떴을 때 장례식을 기록한 「일기」에는 이런 부엌 모임에 대한 어머니의 오래된 설명과 사연이 포함되었다.

감리교의 작은 모임은 기본적이고 복잡하지 않았다. 모임마다 전체적으로 감독하고 목회적 돌봄을 제공하는 지도자를 배치했는데, 성실하게 역할을 수행하려고 하면 그 임무가 간단하지 않았다. 지도자는 매주 회원들과 연락을 취하고 그 기회를 잘 활용해서 구성원들의 영적 상태를 부드럽게 파악해야 했다. 아울러 재정적으로 도움이 필요한 사람들을 위해 매주 모든 회원에게 기부금을 모아야 했다.

밴드(신도반, band)라는 소규모 그룹 역시 규칙에 따라 운영했다. 이들은 매주 모여 최근의 영적 경험을 공유하고 솔직하게 자기 잘못을 인정하고 동료 회원에게 기도를 부탁했다.

이런 모임을 위한 시간은 일반적으로 교회의 주일 예배 시간과 겹치지 않았다. 웨슬리는 생애 말년에 어느 동료에게 "나는 교회에서 양육된 모든 형제에게 계속 그곳에 남아 있으라고 조언합니다. …감리교인들은 모든 교파에 생명을 불어넣어야 합니다"라고 말했다. 웨슬리는 모임의 활기찬 삶이 지역교회에 더 큰 헌신을 불러일으키기를 바랐지만 그 꿈이 항상 실현되지는 않았다.

웨슬리는 여행하는 과정에서 모임들의 활동에 점점 더 큰 기쁨을 느꼈고, 그들의 삶을 풍요롭게 하고 그들의 증거를 확장할 기회를 가질 때마다 기뻐했다. 웨슬리는 「일기」를 기독교 교육의 중요한 도구로 즐겨 사용했다. 「일기」의 내용은 감리교인들이 다른 곳에서 하나님이 하시는 일을 더 잘 파악하는 데 도움이 되었다. 격렬한 반대에 직면할 때는 동료 신자들이 괴롭힘을 당하는 상황에서 어떻게 도움을 받았는지 전해 들었고, 한때 극심한 핍박으로 유명했던 일부 지역 사회가 놀랍게 변화된 모습을 담은 글도 있었다. 웨슬리는 누구에게나 높은 기준과 까다로운 윤리적 원칙을 적극적으로 강조했다. 비평가들은 그를 독재자라고 비난하기도 했지만 그 모두 사랑 때문이었다.

때때로 건설적이고 때로는 고통스러운 비판으로 진정한 사랑을 표현할 때도 있었다. 웨슬리가 사람을 대하는 데 있어 얼마나 예술적이었는지는 그가 모임을 상대로 일관되게 개방적이고 정직하게 행동한 데서 잘 드러난다. 특히 웨슬리가 사람들을 방문할 때 아첨에 빠지지 않거나 명백한 잘못을 묵묵히 간과하지 않는 모습에서 잘 드러난다. 화합과 일치를 위해 일부의 일관되지 않은 행동을 눈감아 주기도 했지만 웨슬리는 자신을 따르는 사람들이 지역 지도자에게서 상처가 될 질책을 받을 수 있다는 것을 알고 있었다. 무엇인가 문제가 생기면 할 수 있을 때 솔직하게 말했다.

이스트 앵글리아(East Anglia를) 방문하는 동안 그는 라켄히스(Lakenheath)에서 '정직하지만 졸고 있는 사람들'에게 설교했다.

그리고 노리치(Norwich)에 도착해서는 성경을 설명하는데 그다지 환호할 수 없는 회중이 '대규모로 무례하고 시끄럽게' 굴었다. 그는 부적절한 행동을 용납할 생각이 거의 없었고, 그래서 '그들을 바로 잡든지 아니면 끝낼 생각을 하고는' 예배 시간에 어떻게 행동해야 하는지 솔직하게 말했다.

일주일이 조금 지난 후 노리치에서 얼마 떨어지지 않은 마을에서 설교했다. 아침 7시 집회에 참석한 신자들은 그가 아는 한 "누구보다 무지하고 자만하고 자의식이 강하고 변덕스럽고 고칠 수 없고 무질서하고 분열된 모임이라고 확실하게 규정했을" 때 남아 있던 잠이 완전히 달아나는 충격을 받았던 게 분명하다. 그러나 "하나님이 그들의 마음에 역사하시자… 많은 사람이 유익을 얻었고", 그리고 그가 "불쾌해하는 사람을 한 명도 찾지 못했다"라는 것은 그들의 회복력이 어느 정도였는지 보여준다.

웨슬리의 비판자들은 그를 강력한 전제군주라고 자주 비난했다. 그가 모임에서 예의 바른 행동을 강력하게 주장했다는 것은 의심의 여지가 없지만 부흥 운동 기간의 예배에 익숙하지 않은 수많은 사람이 감리교인 사이에 이끌려 들어왔다는 사실을 기억할 필요가 있다. 웨슬리가 그런 집회를 방문할 때는 객관적인 평가와 사심 없는 지적은 물론 직설적인 성경 해석을 하지 않을 수 없었다.

인간의 행동을 예리하게 관찰한 웨슬리는 인간관계가 얼마나 손쉽게 손상될 수 있는지 알고 있었다. 모임마다 통제되지 않은 혀의 위험성을 경고해야 했다. 소문은 늘 위험해서 웨슬리는 소문을 절대 받아들이지 않는 것을 원칙으로 삼았다. 당시 기독교 세계는 온갖 논쟁에서 자유로운 구석이 거의 없었다. 다툼과 논쟁은 사고와 시간을 끝없이 소진했다. 어딘가에서 누군가가 다른 누구를 공격하는 문서들을 쉴 틈 없이 생산하고 있었다. 이렇게 분열된 상황에서는 누군가 경쟁자의 특이한 주장이나 시선을 끄는 행동을 그저 입에 올리거나 쓰기만 해도 쉽게 그릇된 인식을 심어주었다. 웨슬리의 메시지는 광범위한 비난에 노출되었고, 다양한 신학적 배경과 교회조직을 지지하는 적대자들이 그의 신학을 부단히 공격했다. 적들은 모든 사람의 구원에 대한 그의 교리가 비성경적이고, 확신에 대한 그의 메시지와 거룩함에 대한 그의 생각이 터무니없다고 주장했다. 비판자가 너무 많다 보니 웨슬리는 누군가 적대자들의 반론을 거론하거나 그들의 글이 어떻다고 해도 사실로 받아들이지 않는 경우가 많았다. 그는 직접 듣거나 읽어야 했다. 그러기 전까지는 어떤 압력에도 현안에 대해서 의견을 제시하지 않았다.

조지아에서 돌아온 이듬해에는 사람이 얼마나 착각할 수 있는지 확인하는 기회를 얻었다. 올더스게잇 거리에서 일이 있고 난 뒤 그는 그날 밤과 그 이후 몇 주 동안의 경험에 대한 짧은 글을 썼다. 어머니에게 내용을 읽어주자 그녀는 '크게 기뻐하면서' 아들에게 "그런 생각을 하게 해준 하나님께 진심으로 감사한다"라고 말했다. 얼마 뒤 그는 독일의 모라비아 친구들을 방문하러 영국을 떠났고, 자리를 비운 사이에 자신도 모르게 그 기록의 사본이 융통성이 없는 형 새무얼의 손에 들어갔다. 새무얼은 그 내용을 어머니에게 말로 전달했다. 수재너 웨슬리는 새무얼에게 들은 이야기에 상당한 충격을 받았다. 웨슬리는 어머니가 "'내가 쓴 글에서 발췌한 내용 때문에 내가 신앙적으로 크게 잘못되었다' 라고 확신하는 바람에 이상한 두려움에 휩싸였다"라고 말한다.

웨슬리는 어머니가 고통스러워하는 것에 놀랐다. 그는 "무슨 글 때문인지 알 수 없었다가" 조심스럽게 확인하고 나서 "내가 직접 읽어드린 내용과 같다"라는 것을 알게 되었다.

편견을 가진 사람의 설명으로 어떤 인물이나 사물을 있는 그대로 판단하는 것은 정말이지 어려운 일이다! 그렇다. 그는 의심할 여지 없이 진실한 사람이었다. 이렇게 만든 그는 의심의 여지 없이 진실한 사람이었다. 하지만 그의 눈앞에 놓인 글에 대한 그의 진실한 설명은 완전히 위장된 진실이었기 때문에 어머니는 처음부터 끝까지 읽어드린 글의 내용도, 내가 직접 썼다는 것도 알지 못했다.

웨슬리는 또한 특이한 행동에 효과적으로 상대하는 방법도 알고 있었다. 웨슬리는 여행하면서 기행을 일삼는 사람을 많이 만날 수밖에 없었다. 예상치 못한 곳에서 문제가 발생했을 때 대처하는 그의 능력을 잘 보여주는 한 가지 사례가 있다. 교회 지도자나 교인들은 이따금 다른 사람에게 하나님 뜻을 전달하는 특별한 계시를 받았다고 주장하는 사람 때문에 당황할 때가 있다. 그런 행동은 관계를 교묘하게 조작하고 심지어 파괴적으로 만들기도 한다. 웨슬리는 런던의 어느 자매를 짧게 언급했다. 그녀는 "주님의 메시지를 들고 그를 찾아왔다"라고 말했다. 메시지는 "내가 이 땅에 보물을 쌓아두고 편안함을 누리면서 먹고 마시는 일에만 신경 쓰고 있다는 것이었다. 나는 그녀에게 하나님이 나를 더 잘 알고 계시니, 하나님이 그녀를 보내셨다면 더 적절한 메시지를 가지고 보내셨을 것이라고 말했다."

그런 만남을 일기 형식으로 출판한 것은 순수한 신자들에게 사적 계시를 잘못 받아들일 수 있다는 경각심을 확고하게 심어주었을 뿐 아니라, 이후로도 웨슬리가 비슷한 잘못을 범하지 않는 데 도움이 되었을 것이다. 웨슬리를 물질주의, 게으름과 탐욕으로 비난하는 것은 잔인한 비난이었고 성실한 사람들이 다른 사람들을 위해 지도받는다고 공언할 때 엉뚱한 방향으로 이끌려 갈 수 있다는 것을 보여주는 사례이다.

웨슬리는 줄곧 윤리적 문제를 강조했다. 이웃이 감리교인의 부적절한 행동이나 도덕적 경솔함을 비난하면 그 모임은 지역 사회에 효과적인 영향을 미치지 못한다고 생각했기 때문이다. 밀수는 특히 해안 지역을 방문할 때 그를 크게 괴롭혔다. 콘월(Cornwall)에서 어느 모임을 조사했는데, "거의 모든 모임이 세관을 거치지 않은 물건을 사고판다"라는 것을 확인하고는 "이내 잠시 멈출 수밖에 없었다." 웨슬리는 그들에게 "이 가증스러운 물건을 치우지 않으면 더는 내 얼굴을 볼 수 없을 것"이라고 분명하게 말했다.

그런 관행에 공개적으로 불만을 표명하고 문제가 있는 모임을 방문하지 않겠다고 경고한 것은 자연스럽게 그런 문제에 갈피를 못 잡는 독자들에게 영향을 미쳤다. 밀수업자 숫자가 적은 모임의 지도자들은 밀수를 못 본 체하고 싶은 유혹을 받을 수도 있었지만 웨슬리는 「일기」의 지면을 통해 도둑질은 절대 옳지 않다는 점을 분명히 했다. 밀수업자들은 조국을 강탈하고 있었다. 이 문제를 바로잡자 선더랜드(Sunderland) 신자들의 숫자가 늘어났다. 결과적으로 그런 일이 없었더라도 웨슬리는 예배 통계보다 하나님 말씀을 존중하는 게 더 낫다고 굳게 확신했다.

흔히 밀수꾼이라고 불리는 강도들 대부분이 우리 곁을 떠났지만 그들의 두 배가 넘는 정직한 사람들이 이미 그 자리를 대신하고 있다. 만일 아무도 오지 않았어도 왕이나 신하의 것을 훔치는 자들을 감히 붙잡아 두지 않았을 것이다.

웨슬리는 전국을 여행하면서 "저주받은 일이 사라진 이후 하나님의 역사가 곳곳에서 증가하고 있다"는 사실을 확인했다. 영국 서부의 항구 아이잭(Isaac)에서는 모임이 "두 배 이상 성장했고, 그들은 모두 하나님을 위해 살고 있다."

웨슬리가 '저주받은 일'이라는 문구를 반복해서 사용한 것은 의도적으로 여호수아 7장에 나오는 아간의 일화를 떠올리게 했다. 밀수는 도둑질이라서 밀수하는 지역에서는 그리스도인의 영적 영향력이 파괴될 수 있었다.

웨슬리는 모임을 순회하면서 동료 신자들을 격려하고 동기부여하고 가르치고 도전하고 경고하고 조언하고 바로잡는 데 주력했다. 우리는 모두 다른 그리스도인들을 도울 책임이 있다. 성경은 '혼자 하는'(do-it-yourself) 신자에게 전혀 관심이 없다. 신약성경의 이미지에서 우리는 한 몸의 지체이면서 하나의 성전을 완성한 돌이다. 우리는 그리스도 안에서 서로의 삶에 이바지해야 한다. 그것을 '서로 되기'(one-anothering)라고 표현하기도 한다. 성경은 '서로'를 대략 24번 정도 언급한다. 우리는 서로 사랑하고 돕고 섬기고 격려해야 한다. 다른 위대한 주제들과 마찬가지로 찰스 웨슬리는 감리교인들이 찬송 가사를 통해 이 진리를 익히도록 도와주었다.

주님은 서로 세우라고 명령하시니.
하나가 되어
위대한 부르심의 영광스러운 소망으로
손잡고 나아갑니다.

웨슬리와 동역자들이 영국 전역의 모임에서 펼친 사역을 되돌아보면 몇 가지 중요한 문제를 자문하게 된다. 나는 다른 그리스도인을 세우기 위해 힘쓰고 있는가? 다른 신자에 대한 나의 사랑은 얼마나 진실하고 공평하며 실천적이고 희생적인가? 나의 개인적인 생활태도는 지역교회의 공적인 영향력에 얼마나 도움이 되는가?

사랑받지 못하는 사람에 대한 사랑 : 돌봄의 특권

사랑에는 경계가 없다. 사랑은 교회 울타리 안에 좁게 갇혀 있을 수 없다. 요한일서 1장의 거룩함에 대한 철저한 교훈은 웨슬리에게 항상 중요했다. 그는 죄로부터의 자유에 대한 메시지는 물론 신자들이 말로만 사랑하지 말고 행동과 진실로 사랑해야 한다는 주장 역시 사랑했다. 아울러 그런 사랑은 범위를 제한하지 않고 있는 그대로 표현해야 한다. '온전한 사랑'은 사회에 대한 그의 열정적인 관심에서 분명하게 드러났다.

런던 사역 초기에는 빈곤의 문턱에 있는 가난한 남성들에게 겨울 일자리를 제공했다. 새로 매입한 건물에 "가장 가난한 사람들과 교사 한 명을 친교실로 불러서 봄이 될 때까지 4개월 동안 목화를 짜고 방적하는 일을 시켰다."

그는 항상 어디를 가든 굶주리고 노숙하는 사람들을 걱정했다. 어린 시절 가난을 경험했던 그는 궁핍한 사람의 필요를 결코 외면할 수 없었다. 1759년 브리스틀을 방문했다가 노울(Knowle)에 수용된

천 명이 넘는 프랑스 전쟁포로들이 혹독한 겨울에 극심한 어려움을 겪고 있는 것을 보고 충격을 받았다. 그들은 "아무것도 없이 더러운 지푸라기 하나만 깔고 눕거나, 밤낮으로 더럽고 얇은 헝겊 몇 장으로 몸을 가리고 있어서 허약한 양처럼 죽어가고 있었다. 상당히 충격적이었다."

웨슬리는 어떤 상황에서든지 가장 잘 어울리는 본문을 찾아냈다. 그날 밤 그는 출애굽기 23장 9절 "너는 이방 나그네를 압제하지 말라 너희가 애굽 땅에서 나그네 되었었은즉 나그네의 사정을 아느니라"를 본문으로 설교했다. 회중은 즉시 반응을 보였다. 예배 시간에 모금이 이루어졌고 곧바로 다음날 선물이 모였다. 예수님은 그런 순간을 예상하시고 "헐벗었을 때에 옷을 입혔고"라고 말씀하셨다. 그래서 그들은 모금한 돈으로 "리넨과 모직물을 사서 셔츠, 조끼, 바지를 만들었다. 양말도 수십 켤레 추가했고", 그리고 전부 "가장 급한 곳에 신중하게 나누어주었다."

웨슬리는 더 많은 일을 했다. 웨슬리는 음성은 물론 펜으로 죄수들을 위한 글을 작성했다. 그들의 필요를 감동적으로 묘사한 글을 썼고, 그의 호소가 「로이즈 이브닝 포스트」에 실린 덕분에 런던과 다른 지역에서까지 선물을 보내왔다.

그는 이런 실천적인 봉사를 일평생 계속했고, 세상을 떠나기 일주일 전에 쓴 마지막 편지는 노예무역('극악무도한 악행')에 반대하는 윌버포스의 캠페인에 힘을 실어주기 위한 것이었다. 몇 해에 걸쳐서 그는 잔인한 대가를 치르고 사들인 설탕을 거부했다. 윌버포스와 동료들이 상당한 반대에 직면하자 웨슬리는 위대한 운동가가 "인간과 악마의 저항에 지쳐서는 안 된다"라고 염려하면서 "하나님의 이름과 그분의 힘의 능력으로(태양을 본 이후로 가장 사악한) 아메리카의 노예제도마저 사라질 때"까지 계속 밀고 나가라고 촉구했다.

웨슬리는 사람에 관한 관심을 다른 어떤 것보다 우선시했다. 가난한 사람에게 정기적으로 옷을 나누어주었고, '이유 없이' 실직한 사람을 늘 걱정했다. 1753년 겨울, 런던의 빈민들을 방문했다가 자신이 만났던 가난한 인디언보다 더 열악한 처지라고 평가했다. 대서양 건너편 조지아에서는 동족끼리 도우려고 했지만 런던에서는 수백 명이 구호도 받지 못한 채 아무도 모르게 죽어갔다.

누구는 지하실에서 누구는 다락방에서 추위와 배고픔 그리고 쇠약과 고통에 굶어 죽을 듯한 모습이었다. "그들은 게으르므로 가난하다"라는 일반적인 반대 의견은 사악하고 악마 같은 거짓이다. 만일 이런 것들을 두 눈으로 목격했다면 장신구나 불필요한 물건에 돈을 사용할 수 있을까?

대도시의 수많은 굶주린 사람 가운데 "많은 사람이 병들어 죽음을 맞기 직전이다." 웨슬리는 그들을 돕기 위해 가능한 모든 노력을 다했으나 혼자서는 그 엄청난 필요를 해결할 수 없었다. 늘 실용적이었던 웨슬리는 감리교인들에게 남는 옷은 무엇이든 가져오고 일주일에 한 푼이라도 '다른 사람을 돕기 위해' 기부해서 이 사역에 동참하도록 촉구했다.

또다시 그는 뜨개질로 일자리를 제공하는 계획을 시작해서 이번에는 많은 여성에게 일자리를 제공했다. 12명으로 구성된 팀을 조직해서 가난한 사람들을 실질적으로 돌볼 수 있게 했다. 그는 필수적인 구호 사업이 효율적으로 수행되도록 사역자들이 함께 모여 "그들이 한 일을 설명하고 더 많은 일을 할 수 있게 협의하도록" 요구했다. 파운더리의 사례는 다른 곳에서도 비슷한 계획을 추진하는 데 도움이 되었다.

웨슬리에 대한 일반적인 모습은 지칠 줄 모르는 순회전도자였지만 그의 사회적 관심의 폭이 넓었다는 점을 기억하는 게 중요하다. 우리는 전쟁포로, 노예, 가난한 자, 굶주린 자, 병든 자, 실업자를 위한 그의 사역에 아주 익숙하다. 하지만 그 이외에도 고아를 돌보고 감옥에 갇힌 사람의 정기적인 면회를 장려하고 학교를 설립하는 등 실질적인 노력에 힘썼다.

우리가 속한 사회는 완전히 달라져서 다방면으로 감사하지 않을 수 없다. 웨슬리와 동료들이 적극적으로 관심을 가졌던 상당한 영역의 사회적 결핍을 이제는 국가가 관리하고 있지만 이웃을 사랑하는 그리스도인은 정부 기관 단독으로는 결코 충족시킬 수 없는 방대한 필요에 민감하게 반응할 것이다. 지구촌에는 가난하고 굶주리고 궁핍하고 노숙하는 수백만의 사람이 넘쳐나고 있고 그들은 텔레비전 화면만큼이나 가까이 있는 우리 이웃이다.

최근 티어 기금(Tear Fund)의 통계에 따르면 오늘 밤 1,000만 명의 이웃이 굶주린 채 잠자리에 들 것이라고 한다. 그리스도의 사랑으로 마음이 충만한 사람이라면 이 문제에 관심을 두지 않을 수 없다. 영성은 웨슬리의 동역자만큼이나 우리에게도 희생을 의미한다. 그것은 일주일에 한 끼만 제대로 먹어도 기뻐할 사람들의 필요를 채우기 위해 일주일에 한 끼 식사를 거르고 우리 식비를 기부하는 것을 의미할 수도 있다. "내가 주릴 때에 너희가 먹을 것을 주지 아니하였고"라는 검색어를 접하면 괴롭지 않을까?

누군가에게는 돈보다 더 귀중한 시간을 기부하는 것을 의미할 수도 있다. 어쩌면 도움이 필요하거나 낙담하거나 당황하거나 몸이 아프거나 외로운 사람이 있다면 "병들었을 때에… 와서 보았느니라"는 그리스도의 말씀을 기대하면서 그들을 방문해야 할 수도 있다.

테레사 수녀가 미국의 어느 노인 요양원을 방문했다가 떠나면서 두 가지 질문을 던졌다고 한다. 어째서 노인들은 미소 짓지 않는가, 그리고 어째서 그 넓은 방에 함께 앉아 있는데 모두 문을 바라보고 있는가? 두 질문에 대한 대답은 "누군가가 오기를 기다리는 것"이라는 짧고 간결한 대답이었다. 여러분은 친구, 지인, 이웃과 동료 교인의 삶 속에서 그 '누군가'인가? 친절은 행동하는 사랑이다. 사랑 없이는 영성이 있을 수 없다. 신약성경의 관점에서 볼 때 실질적으로 도움이 되지 않는 사랑은 의심스럽다.

웨슬리는 사람들을 사랑했지만 단순한 이타주의만으로는 기독교 사역에 효과적으로 동기를 부여할 수 없다는 것을 알고 있었다. 인간의 필요에 대한 인식보다 더 많은 게 요구된다. 복음 증거든, 목회적 돌봄이든, 실제적인 도움이든, 봉사하려는 동기와 충동은 우리 안에 있는 그리스도의 사랑이어야 한다. 자신의 자원에 의존한다면 능력이 제한적이어서 실패할 가능성이 크다. 하지만 자기보다 그리스도를 더 사랑하거나 다른 사람을 더 사랑하는 사람은 기회가 있을 때마다 새로운 힘을 얻게 될 것이다. 지속할 수 있는 능력은 절대 줄어들지 않을 것이다.

[SECTION 4 _ 주]

1) 애덤 클라크, 「웨슬리 가족 회고록」(Adam Clarke, Memoirs of the Wesley Family, London, 1823), p.94.
2) 어거스틴 버렐, 「에세이와 연설 모음집」(Augustine Birrell, Collected Essays and Addresses, London, 1922), Vol. Ⅰ, pp.308-309.
3) 18세기 감리교회에 대한 풍자적 반응에 대한 설명과 웨슬리, 휘트필드, 그리고 모임에 속한 동료들에 관한 내용은 앨버트 라일즈, 「조롱받은 감리교」(Albert M. Lyles, Methodism Mocked, London: Epworth, 1960) 볼 것.
4) 「웨슬리의 편지」(Letters of John Wesley, J. ed., Telford, London: Epworth, 1932) Vols. Ⅲ, 212; Ⅴ, 315, 333; Ⅵ, 116 (이하 「편지」).
5) 존 웨슬리, 「설교집」(Wesley, Sermon CVI, On Faith in Works, ed., I. Jackson, London, 1872; reprinted, Grand Rapids: Zondervan), Vol. Ⅶ, p.202.
6) 던 윌슨, 「많은 물로 끄지 못한다」(D. Dunn Wilson, Many Waters Can not Quench,

London: Epworth, 1969), p.29에서 인용. 던 윌슨 박사의 책은 이 시기에 감리교회가 겪었던 고난의 본질과 범위, 신학을 자세하게 소개한다.

7) 「찰스 웨슬리 목사의 일기」(The Journal of the Rev. Charles Wesley, Thomas Jackson, ed. London, 1849), 1747년 2월 5일.

8) 존 웨슬리, 「감리교인의 요약사: 웨슬리 선집」(John Wesley, A Short History of the People called Methodists' in Works, London, 1872), Vol. XIII, pp.307-308.

9) 「보스웰의 존슨의 생애」(Boswell's Life of Johnson, Oxford: Clarendon, 1934), Vol. III, 230 (1778년 3월 31일).

에필로그

그렇다면 우리에게는?

지금껏 살펴본 네 명의 저자들은 태어난 지역을 뛰어넘어 기독교 사상 전반에 영향을 미쳤을 뿐 아니라 영적 지도자로서의 활동은 역사를 관통해서 우리 시대까지 이어졌다. 이제는 그들의 특별한 저서들을 되돌아보면서 오늘의 영성에 대해 그들이 우리에게 무슨 말을 하고 있는지 살펴보려고 한다. 그들이 강조한 10개의 주제는 오늘날의 세계에서도 여전히 유효하다.

예배하라.

네 명의 그리스도인은 찬송을 무엇보다 강조했다. 아우구스티누스의 작품은 자비의 하나님이 오만한 배신자를 사랑으로 품어주셨다는 사실을 인정하며 경배하는 감사의 제물이다. 루터는 이발사 친구에게 매일 십계명, 주기도문, 사도신경을 묵상하면서 '찬송가'에 담긴 새로운 내용으로 매일 자신의 빚을 떠올리고 예배에 영감을 불어넣도록 조언한다. 번연은 위대한 하나님으로부터 자신의 큰 죄악을 용서받은 삶을 돌아보며 감격한다.

> 오, 나의 큰 죄, 나의 큰 유혹, 그리고 영원한 멸망에 대한 큰 두려움을 어찌 잊을까! 내가 누린 큰 도움, 하늘로부터의 큰 지원, 그리고 하나님이 비천한 자에게 베푸신 큰 은혜에 대한 기억은 더욱 새롭다.[1]

웨슬리 형제는 회심하자마자 감사의 마음을 찬양으로 표현했다. 늦은 저녁 올더스게잇 거리의 모임 장소를 떠난 후 존은 한 무리의 친구에 '이끌려 기분 좋게' 동생 찰스가 머무는 집으로 갔다. 그들이 쏟아져 들어갈 때 존은 "나는 믿습니다"라고 외치면서 며칠 전 찰스가 회심을 기념하려 작곡한 찬송가를 '크게 기뻐하며' 불렀다. 찬송의 핵심은 경배와 감사였다.

> 놀란 내 영혼 어디서 시작할까?
> 하늘나라를 어떻게 온전히 열망할까?
> 죽음과 죄에서 대속받은 노예,

영원한 불길에서 건져진 타나 남은 나무,
공평한 승리의 목소리를 어떻게 높일까?
위대한 구세주를 어떻게 찬양할까?
아버지가 내게 하신 일,
그 놀라움 어찌 말할까?
진노와 지옥의 자녀였던 나,
하나님의 자녀 삼았네.
이 죄에서 사함 받고
저 천국 미리 맛보네!

웨슬리는 숨을 거두는 순간까지 연약한 음성으로 아이작 왓츠 (Isaac Watts)의 찬송으로 놀라운 감정을 노래했다.

내 숨이 다할 때까지 나의 창조주를 찬양하리라.
죽음에 이르러 목소리를 잃어도,
찬양은 나의 고귀한 능력으로 그치지 않으리….

경배는 시대를 막론하고 순수한 영성을 가리키는 진정한 표지이다. 아우구스티누스를 예로 들어보자. 아우구스티누스는 「고백록」 곳곳에서 타고난 재능("내 하나님의 선물: 내가 계발한 게 아니다"), 용서의 기적, 하나님의 인격적 사랑("우리가 유일한 것처럼 일일이 돌보시고, 그러면서도 빠뜨리지 않고 전체를 돌보시는"), 미로 같은 좌절의 경험을 통해 섭리로 인도하신 하나님을 찬양하면서 영광을 돌린다. 그는 영적 무지와 도덕적 반발이라는 무모한 세월을 보내는 동안 하나님이 참아주시고 바로잡아 주시고 심지어 그런 불안한 불만을 품게 해주신 것까지 하나님께 영광을 돌린다.

> 자비의 샘이신 주님께 영광을 돌립니다. 내가 더 불행해질수록 주님은 더 가까이 다가오셨습니다. 주님의 오른손은 이미 나를 오물에서 낚아채어 나를 깨끗하게 할 준비가 되어 있었습니다. 하지만 저는 몰랐습니다.

아우구스티누스는 감사를 가장 잘 보여주는 대표적인 성인이다. 이기적 집착을 극복하고 거룩함의 길을 가는 사람들은 하나님을 향한 열정을 지니고 있다. 그들은 다른 사람에게 헌신적이다. 그렇다고 해서 이기심이라는 폭정을 벗어나려고 다른 이들에게 관심을 두지 않는다. 오히려 줄곧 하나님을 바라본다. 하나님에 대한 그들의 사랑은 규칙적인 경건으로 새로워지거나 성경과 타인의 간증과 매일의 경험 속에서 하나님의 모습과 풍성함을 새롭게 깨닫지 못하면 만족할 수 없다.

경험을 기록하라.

아울러 이런 새로운 깨달음이 있고 난 뒤에는 글로 남겨두는 게 가장 좋다. 그렇지 않으면 감사는 금방 증발해 버린다. 글쓰기는 정신의 집중을 요구하고 우리 신념을 명확히 하며 우리 빚을 기록하고 진리를 기억에 각인한다. 글이란 감사한 과거에 대한 변함없는 간증이다. 종이에 쓰는 것은 경건 생활에서 중요하지만 간과되고 있다.

아우구스티누스, 루터, 번연, 웨슬리는 글쓰기에 전념했다. 그들은 설교의 기회를 소중히 여기는 만큼 각자의 경험을 글로 남기는 데 수고를 아끼지 않았다. 아우구스티누스는 비뚤어진 일탈을 참아 주신 하나님을 찬양한다. 루터는 친구에게 하나님 아버지가 날마다 자신을 얼마나 환영하고 순종하는 자녀의 말에 귀를 기울이는지 소개한다. 번연은 하나님의 한없는 자비를 즐거워하고, 웨슬리는 무정한 세상을 향한 하나님의 긍휼을 확증한다. 네 권의 책은 저마다 개인적인 간증의 성격을 갖고 있다. 묵상과 성찰은 쉽게 사라진다. 초기 그리스도인들의 열망처럼 글로 남기는 게 가장 좋다.

영국 청교도들은 일기 쓰기를 권장하면서 보상이 따르는 영적 훈련의 수많은 사례를 제시한다. 존 비들(John Beadle)은 「감사하는 어느 그리스도인의 일지 또는 일기」(The Journal or Diary of a Thankful Christian, 1656)에서 상인, 변호사, 의사, 가정주부 모두 자신의 사연을 글로 기록해야 하고, 하나님께 해명할 책임이 있는 그리스도인은 매일 일기를 써야 영적 성장이 가능하다고 주장한다. 에드

먼드 스턴튼(Edmund Staunton)은 '하나님의 자비에 관한 일기'를 썼다. 존 카터(John Cater)는 "매일 그날 들었거나 읽어서 기억에 남는 것을… 기록하는" 책을 가지고 있었다.[2] 나중에 웨슬리는 설교자들에게 일기 쓰기를 권장하면서 일기 쓰기는 하나님에 대한 책임감을 표현하고 영적인 삶을 풍요롭게 하는 유용한 방법이라고 소개했다. 웨슬리는 어디를 방문하든지 기독교적 경험에 대한 개인적인 기록을 남기는 습관을 추천했다. 덕분에 추종자들은 조언을 기꺼이 받아들여 풍성하게 경건 문헌을 남겼고 그 가운데 상당수는 인쇄물로 출간되었다.

요즘 많은 그리스도인이 새로운 영적 깨달음을 기록하는 일기의 가치를 재발견하고 있다. 이런 종류의 일기를 쓰는 사람은 매일 시간을 따로 떼어 하나님의 움직임을 조용히 묵상한다. 이들의 묵상에는 세 가지가 두드러진다.

첫째, 하나님이 어떤 분인지 묵상하면서 성경을 살핀다. 성경 구절마다 '하나님의 위엄, 그리스도의 유일성, 성령의 사역에 대해 이 구절이 무슨 말을 하고 있는가?'라는 중요한 질문을 제기한다. 그런 다음에 발견한 내용을 기록한다. 매일 새로운 통찰을 얻거나 삼위일체 하나님의 위대하심을 새롭게 깨닫는다.

둘째, 자기 경험을 살피면서 하나님이 하시는 일을 떠올린다. 하나님은 멀리 떨어져 계시지 않고 삶에 친밀하게 관여하신다. 그리스도인들은 하루하루를 되돌아보며 하나님이 자신을 위해 어떻게 행동하셨고 경고하시고 보호하시고 강하게 하시고 인도하시고 격려하시고 책망하시고 용서하시고 사용하셨는지를 신중하게 생각한다. 이런 일상의 경험에는 깨우쳐야 할 중요한 교훈이 있기에 그것을 글로 남기는 게 가장 좋다. 찬찬히 돌아보면 찬양하지 않을 수 없다.

아우구스티누스는 하나님의 개입을 인식하지 못하는 순간에도 하나님이 삶 속에서 일하고 계셨다는 것을 깨달았다. 주님은 친구의 죽음을 통해 감정적으로, 종교에 대한 좌절을 통해 지적으로, 학생들에 대한 고통스러운 실망을 통해 직업적으로, 만족스럽지 못한 생활방식을 통해 도덕적으로, 어머니의 기도와 암브로시우스의 설교, 그리고 과거 그리스도인들의 간증을 통해 영적으로 어루만지셨다. 루터의 회심 이전의 의심, 번연의 오랜 투옥, 웨슬리의 조지아에서의 실패는 모두 하나님의 주권 안에서 이루어진 일이었고 이들은 자기 경험을 기록할 가치가 있다고 생각했다.

셋째, 사회를 살피면서 하나님이 어디에 존재하시는지 포착한다. 하나님은 사람이 인식하지 못하는 현대 사회에서도 모습을 드러내신다. 하나님의 관심사는 종교에만 국한되지 않는다. 이스라엘과 유대의 지리적 경계를 넘어서서 당시 위대한 제국들에 주목했던 구약성경의 예언자 시대와 마찬가지로 하나님은 현재도 여전히 주권적으로 활동하신다. 아시리아는 하나님의 진노 막대기였고 바빌로니아 왕은 종이었으며 페르시아 군주는 목자였다(사 10:5, 렘

43:10, 사 44:28).

아우구스티누스는 로마제국의 붕괴를 목격했다. 하지만 이 사건 덕분에 위대한 저서 중 한 권을 집필할 수 있었다. 세상을 뜨는 순간에 야만족이 히포를 포위했으나 하나님 나라가 로마인과 반달족, 그리고 세상의 다른 어떤 지배 세력보다 오래가리라는 것을 알고 있었다. 그는 큰 그림을 보고 있었다. 그는 수 세기 뒤에 루터의 노래에 영감을 주었다.

다 빼앗긴대도
진리는 살아서 그 나라 영원하리라.

루터는 페터 베스켄도르프를 위해 책을 쓸 때 경건하지 않은 세상, 지역과 국가의 지도자들, 교회를 미워하거나 교회를 사랑하는 모두를 위해 기도하라고 격려했다. 웨슬리의 지평은 감리교인에게 국한되지 않았다. 국가 문제에도 관심을 두고서 동시대의 현안을 설교했고 지성적으로 기도했다. 첫 번째 저서 「한 주간의 매일 기도문 모음집」은 기도훈련에 관한 관심뿐 아니라 그의 넓은 시야와 매일의 중보기도의 포괄적 성격을 보여준다. 웨슬리는 편협한 기도생활이 아니라 공동체와 국가, 세계의 필요를 포용하는 기도생활을 실천했다. 그는 영국의 불우한 빈민들만큼이나 아메리카의 굴욕적인 노예들을 위해 열정적으로 기도했다. 현대 그리스도인들은 세상과의 고립을 벗어나서 개인뿐 아니라 공동체와 국가 문제에 대한 하나님의 주권적 개입을 충분히 인식하며 살아가야 한다. 이런 문제를 기도와 일기의 주제로 삼아야 한다.

시간을 활용하라.

네 사람의 영적 거장은 한결같이 아주 체계적인 인물들이었다. 각기 다른 상황에서 기독교 공동체의 삶과 사상에 그토록 광범위하게 이바지할 수 있었던 것은 개인적인 훈련 덕분이었다. 게으른 사람은 결코 성취할 수 없었다. 아우구스티누스는 북아프리카 항구에서 해마다 설교하고 상담하고 연구하고 글을 쓰면서 열정적으로 사역했고 메시지는 전 세계에 전파되었다. 루터는 목회문제에 관한 짧은 소책자부터 방대한 저작에 이르기까지 거의 두 주에 한 권씩 책을 출간했다. 집필 작업 틈틈이 성경을 강의하고 회중을 대상으로 정기적으로 설교하고 성경을 독일어로 번역하고 대화와 편지로 사람들을 개별적으로 돕고 찬송가를 편찬하고 인간적으로 가능한 한 좋은 남편과 아버지가 되려고 노력했다.

번연은 자신이 바라는 남편과 아버지가 될 수 있는 자유를 상당 기간 박탈당했다. 하지만 성경을 공부하고 하나님을 묵상하고 책을 쓰고 동료 죄수들과 삶과 영원에 관해 이야기하고 언제 어디서나 설교하면서 시간을 보람 있게 보냈다. 웨슬리의 하루는 불가피한 구조와 배려를 아끼지 않는 유연성 간의 섬세한 균형 감각을 유지하면서 잘 계획된 일련의 사건을 좇아서 언제나 움직였다. 청교도 배경과 17세기 작가들에게 영향받은 웨슬리는 규칙적으로 하루하루를 계획했는데, 성공의 비결은 거기에 있었다.

우리가 보내는 하루는 그들과 다르겠지만 우리 역시 다른 모든 혜택처럼 쉽게 낭비하고 오용하는 시간을 하나님의 귀중한 선물로 여겨야 한다. 이들의 놀라운 성과와 경쟁하는 것은 불가능하지만 그렇다고 해서 기도하는 심정으로 단호하게 인생의 목표를 정하거나 성취를 가능하게 하는 절제된 생활방식을 좇는 것을 포기하면 안 된다.

우리는 자투리 시간을 아껴서 독서와 기도에 사용해야 한다. 넉넉한 시간을 갈망하느라 감정적인 에너지를 낭비하지 말아야 한다. 프랑스의 영성 작가 프랑소아 페넬롱(Fancois Fenelon)은 누군가를 기다리거나 여행할 때처럼 '순간적 기회'를 잘 활용해야 한다고 말하곤 했다.

이럴 때 마음을 하나님께 향하면 앞으로의 의무를 위해 새로운 힘을 얻기 쉽다. 하나님 앞에 자신을 내려놓고 그분을 사랑하고 경배하기에는 한순간으로도 충분할 수 있다. 진정한 의무를 이행하겠다고 자유롭고 편리한 계절을 기다리면 영원히 기다릴 위험을 감수해야 한다.

페넬롱은 "시간이 없을수록 더 신중하게 시간을 관리해야 한다"라고 강조한다. 영성은 시간을 창조적으로 다루는 것과 상당한 관계가 있다. 그렇지 않으면 기도는 위태롭고 간헐적인 운동이 되고 영적 성장은 먼 꿈이 된다.

기도의 계획을 세우라.

우리가 살펴본 네 명은 기도의 인물이었다. 루터는 어떻게 기도했는지 우리에게 자세하게 설명했다. 그 교훈을 일곱 가지로 요약할 수 있다. 그의 「단순한 기도의 방법」은 이발사 페터 베스켄도르프가 상상한 것보다 숨어 있는 적과 위험이 훨씬 더 많이 존재한다는 것을 알고 의지하며 기도하도록 도움을 주었다. 우리는 하나님의 무기력하고 연약한 피조물이라서 기도하지 않으면 아무런 도움 없이 인생의 위험에 직면한다. 기도하지 않는 것은 실질적 무신론이다. 기도하지 않는 것은 우리의 오만한 독립심과 고립된 자신감을 보여주는 조용한 증거가 된다. 동시에 그런 태도는 스스로 책임질 수 있다고 하나님께 공개적으로 말하는 방법 가운데 하나이다.

루터의 책은 창의적으로 기도하는 방법을 소개하면서 성경의 내용에서 뽑아낸 묵상에 유용한 네 권의 '책'(배움의 책, 찬양의 책, 참회의 책, 기도의 책—옮긴이)을 제시한다. 종교개혁자는 친구가 자신 있게 기도하고 '아멘'이라는 확고한 결론을 통해 자기 기도가 분명하게 전달되었다고 확신하기를 바랐다. 우리 시대의 중요한 이슈를 다루면서 세상의 필요를 자비한 하나님의 앞에 공감하는 심정으로 내어놓고 적절하게 기도하는 것 역시 중요하다.

루터는 피터 베스켄도르프가 하나님의 창조 능력(암울한 망명생활 속에서도 새로운 것을 만드신)과 그리스도의 구원 사역(자신의 죄를 덮어주신), 그리고 성령의 능력으로만 자신을 지탱할 수 있는 사역에 한없이 고마워하면서 감사하는 기도를 하기를 바랐다. 루터는 그가 누구보다 잘 알고 사랑하는 사람들과 멀리 떨어진 데사우에서 기도할 때마다 비텐베르크의 동료들은 물론 전 세계의 기도하는 그리스도인이 믿음과 소망, 사랑으로 함께하고 있다는 것을 알고 자신이 속한 구속받은 하나님의 백성들에게도 감사하기를 기대했다. 이발사 페터는 끊임없이 구걸하는 데 시간을 낭비하지 말고 주의 깊게 기도하라는 조언을 받았다. 경건하게 복종하면서 경청하면 하나님이 말씀하려고 하는 것에 개방적으로 되고 주님이 요구하시는 모든 것에 기꺼운 마음으로 순종하는 정신을 갖게 된다.

기도는 계획적이어야 한다. 그렇지 않으면 두서없거나 주의가 분산되거나 반복해서 지루해질 수 있다. 마귀는 교묘하게 우리를 다른 일로 유인하는 탓에 그런 계획을 세우는 것은 간단하지 않다. 번연의 간증은 마귀가 "다 했으니 끊어라, 서둘러라. 기도할 만큼 했으니 더는 머물지 말라…"고 재촉해도 방해에 저항하면서 끈기 있게 기도해야 할 필요성을 강조한다.

우리는 항상 기도해야 한다. 마귀가 영적 열정을 가라앉히려고 무자비하게 노력하기 때문이다. 번연의 경우에도 예외는 아니었다.

내가 너를 조금씩 무감각하게 식힐 터이니, 마침내 할 수만 있다
면 네 마음을 식히는 데 7년이 걸린다고 해서 대수일까. 계속 흔
들면 우는 아이도 잠들지 않을까. 내가 노력하면 목표는 이루어
질 것이다. 비록 지금은 뜨겁게 타오르지만 내가 너를 이 불에서
끌어내는 날에는 곧장 차갑게 식으리라.[3]

기도는 비용이 많이 들기 때문에 웨슬리처럼 잠을 자거나(평소
보다 일찍 일어나는 것), 때로는 하나님께 더 많은 시간을 할애하기
위해 다른 활동을 희생하면서까지 대가를 치러야 할 수도 있다. 계
획하지 않으면 실천할 수 없다. 결국 그것은 의지 문제가 아니라 체
계적으로 조직하는 것과 관계가 있다. 인생에서 무엇인가 간절히 바
라고 있다면 그것을 얻으려고 무엇이든지 희생하려고 할 것이다. 영
적인 일에 우선순위를 두는 사람은 오로지 하나님만을 갈망한다. 기
도는 그들의 생명선이다.

성경을 공부하라.
네 사람은 성경을 무척 사랑했지만 그 가운데 적어도 둘은 늘 그
렇지 않았다. 아우구스티누스는 처음 사본을 접했을 때 성경 읽을
시간이 거의 없었고, 번연은 성경을 가지고 있었지만 베드퍼드 여성

들이 '어떤 말씀과 약속으로 새로워졌는지' 소개하기 전까지는 메시지를 파악하지 못했다. 여성들은 기뻐하면서 말했을 뿐 아니라 '성경의 언어가 너무 유쾌해서' 그 역시 그리스도 안에서 여성들이 발견한 새로운 세상을 갈망했다. 그들의 간증은 번연을 성경으로 안내했고, 시간이 지나면서 성경을 더욱 창조적으로 해석하게 되었다. 루터와 웨슬리는 어린 시절부터 성경을 알고 있었지만 두 사람 모두 번연이 따르던 존 기퍼드가 "하늘로부터의 증거"라고 불렀던 것을 받기 전까지는 그리스도에 대한 믿음을 주장하지 못했다.

성경은 네 사람 모두에게 절대적으로 필요했다. 따라서 그들은 작품에서 하루도 거르지 않고 루터의 "네 권의 책"처럼 체계적으로 (어느 정도 규칙적으로 계획을 세운 성경 공부) 묵상하듯 성경을 읽을 수 있는 공간을 확보하라고 강조한다. 밀라노 정원에서 아우구스티누스에게, 비텐베르크 서재에서 루터에게, 베드퍼드셔 시골에서 번연에게, 런던 회의실에서 웨슬리에게 말씀한 것처럼 성경을 통해 하나님이 분명하게 말씀할 것을 믿고 기대하면서 읽어야 한다. 누군가에게는 메시지와 정확하게 일치하는 변화의 말씀이 한 치의 오차 없이 극적으로 찾아왔다. 반면에 번연처럼 두드러지기는 했어도 그 충격이 점진적인 사람도 있었다. 아우구스티누스, 루터, 웨슬리는 단번에 깨우쳤다. 번연은 내적 평안을 누리기까지 몇 해가 걸렸지만 오랜 모색 기간에도 하나님 말씀은 줄곧 영향을 미쳤다.

어떤 그리스도인도 성경 없이는 정보에 입각한 지혜로운 영성을 발전시키지 못한다. 하나님을 아는 지식이 자라나려면 그분의 말씀을 들어야 하고, 그러기 위해서는 매일 규칙적으로 시간을 가져야 한다.

체계적으로 독서하라.

영적 거장들은 성경에 특히 신세를 졌지만 다른 그리스도인의 작품에서도 새로운 차원의 은혜를 발견했다. 아우구스티누스는 4세기 아타나시우스(Athanasius)가 쓴 안토니우스의 생애를 접하고 도움을 받았다. 안토니우스는 성경의 부자 젊은이 이야기를 처음 듣고는 그리스도의 부르심이라는 것을 깨달았다. 그러고는 젊은이와 달리 곧장 뒤따르기로 결심했다. 아우구스티누스는 안토니우스의 응답을 그대로 본받았다. 그리스도에게 헌신한 안토니우스에 관한 글은 아우구스티누스에게 같은 열망을 자극하는 도구가 되었다.

루터 역시 위대한 기독교 작품의 신세를 졌다. 그의 글 곳곳에 아우구스티누스가 등장한다. 번연의 경우에는 루터가 그랬다. 너덜너덜한 루터의 「갈라디아서 주석」 사본이 땜장이의 손에 들어오자 성경을 제외하고는 그 어떤 책보다 소중하게 여겼다. 찰스 웨슬리는 이 주석 덕분에 확신하게 되었고, 오순절 주일(Whit Sunday)의 회심으로 곧장 이어졌다. 그의 형은 그다음 주 수요일에 루터 주석 서문을 듣고서 그날 저녁에 확신했다. 두 형제는 성경에 신세를 졌고 영감 넘치는 해석자들에게 상당한 도움을 받았다.

독서는 네 명의 삶에 전반적으로 중요했다. 아우구스티누스는 괜찮은 책을 받으면 항상 기뻐했다. 루터는 다른 사람의 글을 폭넓게 인용했다. 죄수였던 번연은 책을 거의 접할 수 없었으나 감옥에서 폭스(John Fox)의 「순교자 열전」(Book of Martyrs)과 바바소 파웰(Vavasor Powell)의 「용어색인」(Concordance)을 몹시 아꼈다. 그 이전에는 루터와 함께 청교도 저서 두 권이 순례를 열망하도록 도움을 주었다.

웨슬리는 열렬한 독서가였고 「일기」에 신간 서적을 자주 언급하면서 읽은 내용을 다른 사람에게 소개했다. 좋은 독서가 그리스도인의 시야를 넓혀준다는 것을 알고 있었다. 그는 인기 있는 서적과 요약본들을 합리적인 가격으로 제공하려고 유명한 '기독교 문고'(Christian Library)를 시작했다. 50권으로 구성된 이 문고는 초대교회 시대의 사도 교부들, 위대한 청교도 작품들("그리스도를 향한 끊임없는 탐구"에 감탄한), 제레미 테일러와 조지 허버트 등 그에게 깊은 영향을 준 17세기 작가들의 저술을 망라했다. 파스칼, 페넬롱, 마담 기용 등 영적 삶에 관한 유럽 대륙 작가들과 루터, 칼뱅, 베르미글리 등 위대한 종교개혁자의 전기도 있었다. 헨리 스쿠갈, 로버트 레이튼, 사무엘 러더퍼드 같은 스코틀랜드 작가들 역시 빠지지 않았다. 이 모두 웨슬리가 영국 국교회 이외의 사람들에게 광범위하게 공감하고 신세를 졌다는 것을 가리킨다. '기독교 문고'는 재정적으로 성공하지 못했고 기대처럼 널리 받아들여지지는 않았지만 그런 책들을 읽은 감리교인은 깊은 경건의 우물에서 물을 퍼 올릴 수 있었다.

그리스도인의 독서는 영적 성장을 촉진한다. 독서는 우리 마음을 채우고 위대한 성경 주제에 생각을 집중시키고 다른 신자의 경험 안으로 들어가게 해준다. 과거 사람들의 엄청난 문제를 확인하는 과정에서 우리는 자신의 문제와 맞설 수 있는 새로운 자원을 발견한다. 독서는 하나님을 바라보는 시야를 넓혀주고 그리스도인의 증언, 거룩함, 봉사에 대한 관점을 새롭게 제공한다. 독서를 통해 유익을 얻으려면 책을 균형 있게 고르고 시간을 유익하게 보낼 수 있도록 계획을 세워야 한다. 많은 뛰어난 기독교 고전이 선택을 기다린다. 하나님의 사랑에 관한 클레르보의 베르나르의 글은 묵상을 위한 보물이다. 웨슬리는 '기독교 문고'에 토마스 아 켐피스의 「그리스도를 본받아」를 포함했는데, 이 책은 존 뉴턴에게 그리스도의 필요성을 일깨웠다. 윌리엄 로(William Law)의 「경건하고 거룩한 삶을 향한 진지한 부름」(Serious Call to a Devout and Holy Life)은 웨슬리가 회심하기 이전의 경험에 결정적 구실을 했다.

영적으로 풍성한 책은 과거에만 존재하지 않는다. 우리 시대에도 제임스 패커(James Packer)의 「하나님을 아는 지식」(Knowing God)은 처음 출간된 이래로 많은 그리스도인이 영감을 얻었고, 이 책을 경건생활에 사용해 왔다. 최근에는 존 스토트(John Stott)의 「그리스도의 십자가」(Cross of Christ)가 전 세계 그리스도인에게 성금요

일에 하나님의 아들이 성취한 사역의 본질과 영향, 현대적 관련성을 일깨워 주었다. 제임스 M. 고든(James M. Gordon)의 「복음주의 영성」(Evangelical Spirituality)은 영성이라는 주제를 웨슬리 시대부터 현대에 이르기까지 따뜻하게 소개하고 있다.

그리스도인의 좋은 독서는 영적 영감을 제공하는 것은 물론 하나님의 사람들 모두에게 상당한 신세를 지고 있다는 사실을 깨닫게 만든다. 수준 높은 기독교 문헌은 다음 주제와 관련된 성도들이 어느 곳에나 존재한다는 것을 상기시킨다.

동료를 격려하라.

영적 거장들은 누구나 다른 사람에게 큰 신세를 졌다. 동료 그리스도인의 영감과 사랑, 실질적인 지원이 없었다면 어느 것도 감당하지 못했을 것이다. 아우구스티누스는 신앙심이 깊은 어머니의 기도 후원을 받았고, 암브로시우스의 타고난 설교를 통해 가르침을 받았고, 심플리키아누스(빅토리누스의 용기 있는 간증을 전달한 인물)의 목회적 돌봄으로 용기를 얻었고, 안토니우스의 회심 일화를 처음 소개한 폰티키아누스와의 대화 덕분에 힘을 낼 수 있었다. 이들은 모두 아우구스티누스가 확실한 신앙을 갖는 데 나름의 역할을 했다.

루터는 일평생 동료와 그리스도인 친구들을 소중히 여겼고, 번연은 햇볕이 내리쬐는 문간에 앉아 그리스도에 대해 쾌활하게 이야기하던 베드퍼드 여인들을 비롯한 존 기퍼드의 설교와 회중이 보여준 매력적인 모범에 언제나 빚을 졌다. 존 웨슬리는 초기 감리교인들에게 "성경은 고독한 종교에 대해 전혀 알지 못한다"라는 사실을 거듭 지적했다.

영성은 다른 신자들과 고립된 상태에서는 성장하지 않는다. 그리스도인은 영적 삶이 다른 이들의 영적 삶과 밀접하게 관련되어 있다는 것을 명심해야 한다. 예수님은 지상에서 사역을 시작하려고 하실 때 주변에 제자들을 모았다. 열둘이라는 숫자는 간단히 넘길 수 없는 의미를 담고 있다. 열두 지파는 수 세기 동안 민족의 단결을 상징했기 때문이다. 예수님은 제자들을 집단으로 가르치셨고('제자'라는 이름은 '학생'이라는 뜻), 서로 돕도록 격려하셨으며 제자들을 둘씩 짝을 지어 전도하고 봉사하도록 보내서 서로 돕게 하셨다. 예수님도 제자들에게 개인적으로 도움을 받았고, 지상의 삶을 마감할 때는 제자들이 자신의 환난과 시험의 순간에 곁을 지켜준 것에 감사하셨다(눅 22:28).

신약성경의 모든 저자는 그리스도인의 상호 의존성을 설명하는 비유와 이미지를 활용해서 동역의 중요성을 강조했다. 바울은 우리가 효과적으로 움직이기 위해서 서로 협력하는 한 몸의 지체들과 같다고 말했다. 베드로는 건축물의 이미지를 이용해서 영적 성전으로 함께 건축되어 서로의 믿음 안에서 연대를 누리는 '산돌들'(벧전 2:5)로 그리스도인들을 묘사했다. 탁월한 히브리서 저자는 새로운 박해 위협을 받는 그리스도인들을 돕기 위해 글을 쓰면서 "모이기를 폐하는 어떤 사람들의 습관과 같이 하지 말고 오직 권하여 그날이 가까움을 볼수록 더욱 그리하자"(히 10:25)라고 같은 원칙을 강조했다. 야고보는 상호 간의 기도를 통한 후원 사역을 강조하고(약 5:16), 요한일서 1장은 실질적인 서로의 사랑이 갖는 중요성을 강조한다(요일 3:16-18,23, 4:7-8,19-21). 우리는 그리스도의 교회 안에서 서로에게 속해 있다. 진정한 영성은 우리를 지지하고 도전하고 영감을 주고 고양하고 심지어 필요할 때는 교정까지 해주는 동료 신자들과의 동역 안에서 모습을 드러낸다.

은사를 파악하라.

과거 위대한 그리스도인에 관한 글을 읽고 현대 세계에서 동료 그리스도인들과 더불어서 생활하면 그리스도를 위해 헌신적으로 봉사하는 데 당연히 도움이 된다. 건강한 그리스도인의 삶은 규칙적으로 봉사하는 기회에 달려 있다. 우리가 살펴본 네 사람 모두 은사는 서로 달랐지만 창의적으로 그리스도의 나라에 이바지했다.

성경적 영성은 그리스도에 대한 정기적이고 의존적이며 헌신적인 봉사의 형태를 한 자연스러운 출구가 필요하다. 그렇다고 해서 교회 건물 안에만 국한할 수는 없다. 우리는 또다시 시간 배분이라는 중요한 문제를 마주하게 된다. 그리스도인은 하나님을 의지해서 자신의 은사가 무엇이고, 그리스도의 사역 가운데 가장 잘 활용할 수 있는 곳이 어디인지 파악할 수 있다.

핵심이 되는 구절은 베드로전서 4장 10~11절이다. 베드로 사도는 소아시아 전역에 산재하는 기독교 공동체의 사역이 일부 소수의 헌신적 사역이 아니라 구성원 전체의 활발한 봉사를 통해서만 유지, 심화, 확장될 수 있다는 것을 알고 있었다. 이 대목에서 베드로는 그리스도인들이 하나님의 은사를 하나님의 능력으로 하나님의 영광을 위해 사용한다고 말한다. 그는 여기서 하나님이 은사를 나누어주시는 방식을 다섯 가지로 소개한다.

하나님은 은사를 폭넓게 나누어주신다. 우리는 모두 은사를 받았다. "각각 은사를 받은 대로… 봉사하라." 사도가 하나님의 은사를 받지 못한 경우가 없다고 분명히 말하고 있으니 재능이 없다고 변명하는 것은 불가능하다.

하나님의 은사는 개별적으로 주어진다. 하나님이 주신 은사마다 기분 좋은 개성을 갖고 있다. 누구도 다른 사람과 똑같은 방식으로 은사를 받지 않았다. 아우구스티누스는 방대한 교리서를 저술할 수 있었지만 웨슬리는 야외에서 수많은 군중에게 메시지를 전달하는 데 더 능숙했다. 루터는 신학자로서 엄청난 재능을 가졌으나 「천로역정」 같은 훌륭한 이야기를 지어낼 수 있는 문학적 재능은 갖추지 못했다.

게다가 하나님은 은사를 아낌없이 나누어주신다. 베드로는 이것을 "여러 가지 은혜"라고 표현한다. 이 낱말은 문자적으로 '여러 가지 색깔'을 뜻하는데 1장 6절에서는 우리의 다양한 시험을 설명하는 데 사용한다. 우리의 역경은 같지 않고 은사 역시 같지 않다. 한 가지 색깔은 존재하지 않는다. 한 사람이 감당할 수 없는 일은 또 다른 사람이 기꺼이 맡게 된다. 어떤 일은 고도의 지적 능력이 필요하고, 또 어떤 일은 엄청난 육체적 에너지와 지속적인 정서적 회복력을 요구한다.

아울러 베드로의 발언은 하나님이 은사를 '서로 봉사' 하도록 의도적으로 나누어주신다고 강조한다. 은사는 이기적 쾌락이 아니라 이타적 봉사를 위한 것이다. 다른 사람에게 얼마나 많은 도움이 되는지 질문을 던지면 은사가 하나님에게서 온 것인지 확인할 수 있다. 과시하거나 자신에게 몰입할 때 하나님이 주신 은사라고 할 수 없다.

하나님의 은사는 책임감 있게 분배된다. 은사는 성실하게 관리해야 한다고 베드로는 말한다. 달리 말하자면 그것은 단순히 하나님이 주신 은사를 분별하고 사용하는 문제가 아니다. 우리는 은사의 청지기이고 언젠가는 우리가 청지기 직분을 어떻게 수행했는지 설명해야 한다는 것을 의식하면서 부지런하고 책임감 있고 효과적으로 은사를 사용하는 게 중요하다. 은사를 받은 사람이 게으르고 지루하고 오만하고 이기적이고 독단적으로 은사를 오용하는 것은 비극이다.

그리스도의 영광을 위해 가장 낮거나 가장 높은 일을 하지 않고 무가치한 목적에 은사를 사용할 수 있다. 죄는 봉사를 망가뜨린다.

17세기 퀘이커교도 제임스 네일러(James Nayler)는 "사람이 하나님께 받을 수 있는 가장 위대하고 가장 좋은 선물은 가장 강력하고 가장 나쁜 유혹을 수반한다"라는 말을 남겼다. 이런 이유로 우리는 위대한 네 명의 그리스도인이 지적하는 다음의 주제로 넘어가게 된다.

허약함을 인정하라.

네 권의 영적 고전들은 청교도들이 "죄의 지나친 죄성"이라고 부르던 것을 강조한다. 아우구스티누스가 경험한 죄는 마음을 감염시켜 우리를 교만하고 독립적이며, 심지어 하나님께 반항하도록 만든다. 루터는 로마서 1장 21절("감사하지도 아니하고")에 기록된 바울의 폭로를 근거로 죄는 인간의 배은망덕과 지속적인 우상 숭배, 특히 자기 우상화로 나타난다고 강조한다. 번연의 경우에 죄는 하나님의 분명한 말씀에 대한 끈질긴 불신, 즉 인간의 완고한 반항이라는 옷을 걸치고 있다. 웨슬리에게는 사랑 없음, 달리 말해서 우리 삶을 전적으로 하나님께 헌신하거나 다른 사람들을 보살피는 것을 거부하는 이기적인 죄보다 더 큰 죄는 없었다.

제임스 네일러는 위험을 잘 알고 있었다. "죄가 살아 있는 동안 영혼은 안전할 수 없다." 우리는 그 경고에 귀를 기울여야 한다. 우리의 작가 중 누구도 개인적으로 신앙을 가지면 죄가 더는 문제 되지 않는다고 생각하지 않았다. 원수는 파괴적인 일을 계속하고 이따금 다른 모습으로 가장하고 나타난다는 것을 알고 있었다. 아우구스티누스는 밀라노 정원에서 교만을 떨쳐버리지 못했고, 루터는 이발사에게 마귀는 언제나 활동한다고 말했다. 웨슬리가 적의 변화무쌍한 전략에 늘 경각심을 가졌지만 번연이 마귀의 활동을 가장 확실하게 묘사한 것 같다. 번연은 추잡한 일들이 아니라 매일 하나님을 마주하고 동료 그리스도인과 교제하는 동안에 수행하는, 삶에서 가장 좋은 일에 대해서 유혹받았다. 마귀는 기도할 때, 예배할 때, 설교할 때 그를 조롱했다.

그리스도인의 삶에서 타락할 가능성으로부터 자유로운 경험은 존재하지 않는다. 우리 모두 하나님을 위해 최선을 다해 살아갈 힘을 구하면서 매일 새롭게 하나님께 나아가야 한다. 하나님은 필요한 도덕적 역동성을 약속하시고, 그리스도는 그것을 모범으로 보여주시고, 그리고 성령은 내주하시고 능력을 주시는 임재를 통해 그것을 가능하게 한다.

새롭게 의지하라.

우리가 살펴본 네 권의 책을 관통하는 중심 주제는 신자가 전적으로 하나님을 의지하는 것이다. 영성은 훈련 없이 불가능하지만 자기 노력으로는 이루어지지 않는다. 이 거룩한 능력의 은혜는 매일 하나님께 밀착하는 기술이다. 그것을 통해서 하나님 약속의 말씀을 주장하고 그리스도의 발자취를 순종하며 따르고 성령의 무한한 자원을 신뢰할 기회를 남김없이 포착할 수 있다. 하나님은 결코 불가능한 것을 요구하시지 않는다. 그러니 성경이 제시하는 이상적 기준을 반드시 달성할 수 있어야 한다. 네 명의 저자는 어떻게 영적으로 성숙할 수 있는지 몇 가지 중요한 단서를 제시한다.

아우구스티누스는 하나님의 풍성함을 선포한다. 하나님은 신자에게 요구하는 모든 것에 필요한 자원을 공급하는 데 실패한 적이 없다. 그러니 하나님은 바라는 것은 무엇이든지 요구하실 수 있다. "주님이 명령하는 것을 허락하시고, 주님이 원하는 것을 명령하십시오." 감당할 능력은 이미 보장받았다. 이사야 46장 4절의 약속에서 영감을 받은 아우구스티누스는 자기 백성을 안고 가시는 하나님을 찬양한다. "…주님은 우리를 주님의 길로 인도하시면서 이렇게 위로하고 말씀하십니다. '달려라, 내가 너를 품고 다니겠고, 내가 너를 끝까지 지켜보리니 거기까지 안고 가겠다.'"

루터는 무엇보다 기도를 강조한다. 그 역시 그리스도인은 "그리스도가 직접 등에 업고 있다"라고 주장하지만 그것은 사실 기도에 적용해야 한다. 하나님과 인격적으로 갖는 교제는 우리의 필요를 표현하는 수단이자 거룩한 은총을 전달하는 통로이다. 이런 본질적인 도움의 원천을 외면한다면 자신을 우상으로 숭배하는 것은 물론 하나님 이외의 어떤 대상이나 인물에게 가장 높은 자리를 내어주는 것이다.

번연은 전능한 은혜를 주장한다. 네 명의 저자에게는 위로가 되는 어떤 사실성이 존재한다. 그들은 우리 모두 하나님을 실망하게 하고 우리가 진심으로 원하는 것보다 못한 사람이 되어 자신을 실망하게 할 때가 있다는 것을 알고 있다. 아무리 심하게 넘어져도 다시 일어설 방법은 항상 존재한다. 감수성이 예민한 베드퍼드의 목사는 우리가 진정으로 회개하면 죄는 언제나 용서받을 수 있다는 것을 알고 있다. 그리스도는 '결코' 우리는 쫓겨나지 않을 것(요 6:37)이라고 말했다. 거룩한 자비는 모든 범죄자의 죄를 덮어주고 모든 설교자의 말솜씨를 무색하게 만든다. "하나님은 내가 생각했던 것보다 입이 더 크시다."

신자와 하나님의 관계에는 파괴할 수 없는 객관성이 존재한다는 것, 그리고 우리 의는 그리스도 안에 있어서 우리의 도덕적 성취로 향상되거나 영적 실패 때문에 손상되는 법이 없다는 번연의 주장은 정확하다. 우리 의는 '하늘에' 있고 그리스도 안에서 안전하고 구원을 위한 십자가의 죽음으로 확보되었으며 그리스도의 유일한 부활로 영원히 유효함을 보장받았다.

웨슬리는 주도적인 사랑을 강조하면서 그것을 두 가지 측면에서 설명한다. 첫째, 하나님을 사랑하는 것은 하나님이 먼저 우리를 사랑하셨기 때문에 우리의 그것은 반응적 사랑이다. 과분하게 긍휼을 베푸시는 사랑을 통해서만 우리는 자기 만족적 사랑을 벗어날 수 있다. 사랑의 마음이 없으면 종교적 이상과 봉사조차 고통스럽게 자기중심적이 된다. 몰드윈 에드워즈(Maldwyn Edwards)는 올더스게잇 거리 이전에는 웨슬리가 "자신이 무엇을 할 수 있는지 끊임없이 물었지만 이후로는 하나님이 자신을 위해 무엇을 해주실 수 있는지 만 물었다"라고 말했다.

아울러 주도적인 사랑은 배척적인 사랑, 즉 자기를 높이지 않고 최고와 최선에서 우리를 멀어지게 하는 것에 대한 우리의 충성에 도 전하는 사랑이다. 이것이 바로 웨슬리를 이른 아침부터 깨우고 다른 사람들에게 그 보편성을 선포하고 설득력 있는 말과 실천적인 행동, 용기 있는 고난으로 그 실체를 표현하기 위해 지칠 줄 모르는 여정 을 떠나게 만든 사랑이었다. 웨슬리의 가장 큰 포부는 "죄인의 친구 를 출판하는 데 '모든 거룩한 순간을 보내면서' 지금의 삶을 영원한 추수를 위한 파종의 시간으로 알고 하루하루를 살아가는 것"이었다. 여기에 하나님을 사랑하고 다른 사람을 섬기며 십자가를 지는 것을 영광으로 여기는 사랑이 있다. 사랑하는 사람은 모두 바친다. 서른 여덟 번째 생일에 찰스 웨슬리는 새로운 헌신을 이렇게 노래했다.

> 황홀한 기쁨 속에서
> 사는 내 삶,
> 내 삶의 하나님을 찬양하네.
> 예수님의 이름으로,
> 이 삶은 행복과
> 구원을 누리는 값진 삶.

나의 남은 날 동안

그분을 찬양하리니

온 세상을 구속하러 돌아가셨네.

많든 적든,

나의 날은 그분의 것이니

모두 그분에게 드리네.

[에필로그 주] ···

1) 「죄인의 괴수에게 넘치는 은혜」, 서문.
2) 윌리엄 할러, 「청교도의 기원」(William Haller, The Rise of Puritanism, New York: Harper, 1957), pp.96–97.
3) 「죄인의 괴수에게 넘치는 은혜」, p.107,110.